U0523674

许地山（1894—1941）

綾金

碎金文丛

扶箕迷信的研究

许地山 著

商务印书馆
The Commercial Press

图书在版编目（CIP）数据

扶箕迷信的研究 / 许地山著. —北京：商务印书馆，2020
（碎金文丛）
ISBN 978-7-100-18533-2

Ⅰ. ①扶… Ⅱ. ①许… Ⅲ. ①破除迷信 Ⅳ. ① B917

中国版本图书馆CIP数据核字（2020）第086199号

权利保留，侵权必究。

碎金文丛
扶箕迷信的研究
许地山　著

商　务　印　书　馆　出　版
（北京王府井大街36号　邮政编码100710）
商　务　印　书　馆　发　行
北京通州皇家印刷厂印刷
ISBN 978 - 7 - 100 - 18533 - 2

| 2020年8月第1版 | 开本 787×1092　1/32 |
| 2020年8月北京第1次印刷 | 印张 4¾　插页 2 |

定价：29.00元

出版说明

学问一事,见微而知著,虽片言鳞爪,却浑然一体。及今观之,札记、书信、日记等传统书写方式,更是散发出无定向、碎片化的后现代气息。钱锺书先生便将自己的读书笔记题为"碎金",凸显其特殊的价值。

文丛取名"碎金",意在辑零碎而显真知,并与"中华现代学术名著丛书"相映衬。丛书所录,非为诸名家正襟危坐写就的学术著作,而是其随性挥洒或点滴积累的小品文章。分为治学随笔、学林散记、日记书信与口述自传等系列,多为后人精心整理或坊间经年未见的佳作。希望这些短小而精美、灵性而深邃、言简而隽永的吉光片羽,能帮助读者领略名家学者的点滴妙悟、雅趣文字,一窥学术经典背后的丰富人生。

商务印书馆编辑部

目 录

引　论 …………………………………………… 1
第一章　扶箕的起源 …………………………… 8
第二章　箕仙及其降笔 ………………………… 26
　　（甲）箕仙自道身世 ……………………… 27
　　（乙）箕仙预告事情 ……………………… 40
　　（丙）箕仙与人酬唱 ……………………… 63
　　（丁）箕仙与人谈道及教训 ……………… 78
　　（戊）箕仙示人医药及技艺 ……………… 85
第三章　扶箕的心灵学上的解释 ……………… 95
　　（甲）箕仙与幽灵信仰的关系 …………… 95
　　（乙）幽灵与知识 ………………………… 108
　　（丙）箕动与感应 ………………………… 116
　　（丁）扶箕者的捣鬼 ……………………… 131
结　论 …………………………………………… 140

引　　论

　　原始民族对于事物的进展没有充分的知识，每借自然界的征兆来指示行止。但是自然征兆不能常见，必得用人工来考验，于是占卜的方法便产生出来。占卜是借外界事物的动静与常变向非人的灵体询问所要知道的事物。它与说预言不同，每每用两可的回答使占者去猜。由古至今虽然有许多人不信占卜为真，但到现在，在最文明的人群中间还有对它深信不疑的。

　　占卜是拟科学的一门。它的构成是由于原始的推理的错误。原始人的推理力和孩童的一样，每把几件不相干的事物联络起来，构成对于某事物的一个概念，如打个喷嚏同时又听见鸦啼，就把那两件事来与明日的旅行联络起来，断定在旅途中会遇见不吉利的事情。预兆是自然的，用人工产生朕兆就是占卜，所以它也可以被看为交感巫术的一种。占卜大体可以分为两大部门：第一是象，第二是占。象是征象的本身已显示出事物将来的情形，它是属于自动的。占是占者须求神灵的启示，把预期的朕兆求神灵选择出来指示他，最简单的如掷珓杯、看采头之类。不过象与占有时不能断然分得很清楚，要把占卜分类还是依所用的方法比较好些。自古至今，最常用的占卜方法约有十一类，现在在下面略举出来。

（一）**占梦** 梦者的身魂在睡眠的时候离开躯壳到处游荡。因为他所经历的有时是醒境所没有的，所以含有预言或指示行止的性质。有些民族，个人在熟睡的时候是不能唤醒他的，恐怕他的灵魂回不来，或从此以后"神不守舍"。各国都有占梦的书，在文化民族中间还有不少信者。在中国，赌花会的人常依梦境的指示来圈名字。有些人会到庙里去"圆梦"。致梦有时也有方法，北澳洲土人取族人或祖先的骷髅放在枕边，行过礼之后，睡着了，他就可以得到先灵的指示或预告。在欧洲人中间，未婚者把新娘糕压在枕头底下，睡后就会梦见自己未来的新人,也是占梦法的遗留。

(二)预告 占者有了疑问在心里,对着外界事物的形态、意义或声音来求一个解答的朕兆。这个在平常人中每每用得着。如要占今天的事情顺利与否,耳边听见火车的声音,占者便立了一个答案,心里说:如果火车的吼声等我走到前面第五根电线杆时,是一百零八声,就是"好";若超过了就"不好";若不足,就不算什么。又如看见后面一个叫卖的,占者在前面走,心里想:等我转了弯,他才叫,对于某事就是吉利,不然就不得了。许多人爱用书卷卜法,随意翻开一本书,读到那面某行文句的意思,便是指示或预告某事。西洋人每喜翻《圣经》用指头随意指一句来定夺行止,也是书卷卜法。诸如此类的卜法,大概人人都有这样的经验。在新年或除夕,中国许多地方的人要出门去听兆头,也是这个意思。还有歌占法与语占法,于某时某日,听人唱歌或说话,依其内容,来卜自己的命运。

(三)身占 由占者身体各部的运动或声音而得的预兆。最常的是打喷嚏、肉跳、眼皮跳、耳鸣、摔倒、打噎等。大概打喷嚏是最普遍地被认为恶兆。在中国也是如此，《诗·邶风》："寤言不寐，愿言则嚏。"郑氏笺云："今俗人嚏云'人道我'，此古人之遗语也。"德国人一打喷嚏便要祝一句 Gesundheit（好健康！），这和广东人说"大吉利市！"一样。

（四）灵试 灵试是借精灵来审判是非，大别为二种：一种是命被疑为犯罪的人在火上走或把手足放在沸水里，如他是清白的，那水火便不能伤害他；一种是用一种巫术加于被疑为犯罪者的身上，如他是有罪过的，他便会得着伤害。在法律未昌明时代，灵试法是很通行的。中国民间凡遇两造不能辨明谁曲谁直的时候，每每同到城隍庙去"斩鸡头"，向神明发誓，如理曲者，愿受神谴，也是灵试的一种。

（五）降僮 宋人名这方法为"秽迹金刚法"（见《夷坚志》[甲]卷十九），是神灵附在人体上使他成为灵媒。有时附身者不一定是善神，恶神也一样可以降僮。僮子在神附上身体的时候，身体的动作渐改常态，全身颤动，有时双眼紧闭，口流白沫，或以刀剑砍身，针锥穿舌，而不流血。（参看清庸讷居士《咫闻录》卷十"北虎青卫"条。）蒙古与西伯利亚的通古斯人名这种人为"萨曼"。闽、粤人称他为"僮子"或"僮魌"，迎神赛会时每每看见他站在神舆后面。僮魃会说预言，能治病和解答疑难问题，所以也是占卜的一种。

（六）**关亡** 关亡是把死灵招来解答疑问。降灵的多半与问者有亲属关系。这种风俗很普遍，现在中国还很盛行。通常是巫婆当灵媒，将死灵召来，从她口中或腹中说话，如在生时一般。有时巫婆把生人的灵魂引到地府里去会亡过的亲人。这都是用睡眠的方法，却不是使人做梦，要去的人，据说精神是很清爽的。

（七）**尸占** 看尸体的变化来断定事情的吉凶。澳洲中部的土人行一种树葬法。他们看尸体滴下来的液汁在地上流动的方向，来断定事情的吉凶成败。中国民间也有尸占行为，例如见到亲人的尸体七窍流血便是此中有冤枉事；两眼不闭便是死者有未了的事或不愿意的表示。

（八）**禽占** 禽占有两种：一种是从活的禽兽的行动来占卜；一种是从死的禽兽的状态来推测。第一种是很普遍的。听见鸦啼是不吉，鹊噪为大利，是中国人所信的。禽兽具有超人能力，是由于图腾信仰的遗留。所以在图腾社会里，图腾禽兽的行动常被视为事情吉凶的预告。有时，同一样禽兽依其发声和行动的时地而示吉凶的不同，不能说鸦啼一定是凶，鹊噪一定是吉。死禽兽的状态也可以定吉凶。如那伽人（Nagas）杀鸡视察它对于死的挣扎来测定所问事情的行止。在原始时代，祭司杀牲供祭，常借所杀的禽兽来占卜，有时看验它的内脏，有时审察它的毛骨，无非为要知道未来的情状。其他如古代的龟卜、岭南的鸡骨卜、蜀的鸡子卜、粤西的鸟卜，乃至鼠卜、牛骨卜、田螺卜、虱卜等都是属此类。《咫闻录》卷十"北虎青卫"条，记雷州人新正于北虎神前占一年休咎，法："束草为人，腹中满装鸡卵，仆于地而滚之。卵有一碎，有一妇堕胎。若尽碎，凡是村孕妇无不堕胎；即牛羊犬豕亦皆胎落。"这也是禽占的一种。

（九）**星占** 通常称为"天文"。这也是最古的拟科学之一。人间的行为与命运常与星宿的位置与移动有关系。所以个人有他的"星命"，时日有它的吉凶，有天文知识的占卜家可以不迟疑地告诉疑问者。

（十）**地占** 最著的当然是风水。此外还有地震、山崩、河决等，都可以启示事情的吉凶。古代的君主对于这些必须注意，因为这是神灵对于他的警告。

（十一）**术数** 术数种类很多，大体是指用机械的方法来占卜而言。如果把它类分起来，约有两种。第一，签卜（Sortilegium），是用抽签、拈阄、掷珓杯、蓍法、金钱卜、牙牌数等的方法来定夺行止。此中最常用的是卜单双、奇偶、阴阳等，把答案预先安在上头。骰子的起源也是为占卜，后来才变为赌具的。在知识越低、道德越劣的地方，人们越喜欢占卜与赌博，因为赌博原来也是占卜的一个方法。"花会"是赌博，同时也是占卜，是最好的例。第二，箕卜，是用器具如畚箕、桌椅、木板之类，视察它的移动来得到所问事情的解答。本书要论到的扶箕便是属于这一类。扶箕在欧洲也行过，术语称它做"箕占"或"筛占"（Coscinomancy）。近代西洋的板占（Planchette）也是从这种占法发展的。原始的箕卜只视察箕动的次数，如以不动为"否"，动为"是"，一动为"吉"，三动为"凶"等，后来便发展为写字，甚至能够作画，致令信者惊为神妙莫测。

以下要专研究中国扶箕的情形和它的真伪。为检查的方便起见，所引的故事上头都冠以号数。

第一章　扶箕的起源

　　扶箕术在许多的原始民族中对它都有相同的信仰。

　　西洋术语的 Coscinomancy，是从希拉语 Κόσκινον（箕，筛）而来；Mancy 意为占卜法。国文有时写做"乩""鸾""棄""栾"（见故事四二）、"神卜"（见故事七六）等，都是后起的名称。《图书集成·神异典》第三百十卷引《江西通志》："文孝庙在吉安府东，祀梁昭明太子统。有'飞鸾'，判事甚灵应。""飞鸾"就是扶箕。大概是因神仙驾凤乘鸾，故有此名。至于"乩"从"占"从"乚"，乃是俗写。无疑地，扶箕是一种古占法，卜者观察箕的动静来断定所问事情的行止与吉凶，后来渐次发展为书写，或与关亡术混合起来。不借箕的移动，径然用口说出或用笔写出的也有。在中国典籍里与扶箕有关而最惹人注意的是陶弘景的《真诰》与周氏《冥通记》。《真诰》开章便记萼绿华的诗，诗后记说：

［一］"萼绿华者，自云南山人，不知是何山也。女子年可二十，上下青衣，颜色绝整，以升平三年十一月十日夜降△△（原注：剪缺此二字，即应是羊权字）。自此往来，一月之中辄六过来。耳（？自）云本姓△（原注：又剪除此一字，应是杨字。），赠（此）（原注：此一字本是权字，后人黵作"此"字。）诗一篇，并致火浣布手巾一枚，金玉条脱各一枚。条脱乃太，而异精好。（学津讨原本，此句作"条脱似指环而大，异常精好。"）神女语（见）（原注：此本是草作"权"字，后人黵作"见"字，而乙上之。），君慎勿泄我，泄我则彼此获罪。访问此人，云是九嶷山中得道女罗郁也。宿命时，曾为师母毒杀乳妇玄州（学津讨原本作元洲。），以先罪未灭，故令谪降于臭浊，以偿其过。与（权）（原注："权"亦草作，故似前体而不被黵耳。）尸解药，今在湘东山。（原注：本悬此中一寸。）此女已九百岁矣。（原注：寻此应是降羊权。权

字道舆，忱之少子，后为晋简文黄门郎，即羊欣祖，故欣亦修道服食也。此乃为杨君所书者，当以其同姓亦可。杨权相问，因答其事而疏说之耳。按升平三年是己未岁，在乙丑前六年，众真并未降事。）"（《道藏》安上，第六三七册。）

升平三年己未当公元359年，乙丑即兴宁三年，当公元365年，这年紫微王夫人降于句曲山，授杨羲与许长史父子穆，翙，要道，故注云云。自乙丑以后，紫微夫人、南岳夫人、清灵真人等，相继下降。紫微夫人姓王，讳清娥，字愈意。当时降灵的现象大概是附在请问者的身上，借他的手写出来。《真诰》卷一记乙丑年六月二十四日夜紫微王夫人降灵，杨君问她怎样传道，她令他写出。说：

六月二十四日夜，紫微王夫人来降。因下地请问：真灵既身降于尘浊之人，而手足犹未尝自有所书，故当是卑高迹邈，未可见乎？敢谘于此，愿诲蒙昧。夫人因令复坐，即见授令书此以答曰：

"……至于书迹之示，则挥形纸札，文理昺注，粗好外著，元翰挺焕，而范质用显，默藻斯坦，形传尘浊。苟骞露有骸之物，而得与世进退，上玷逸真之咏，下亏有隔之禁，亦我等所不行，灵法所不许也……夫真仙之人，曷为弃本领之交迹，手画淫乱之下字耶？夫得为真人者，事事皆尽得真也，奚独于凡末之粗术，淫浮之弊作，而当守之而不改，玩之而不迁乎？夫人在世，先有能书，善其事者，得真仙之日，外书之变，亦忽然随身而自反矣。真事皆迹者不复废，今已得之浊书，方又受学于上文，而后重知真书者也。鬼道亦然，但书字有少乖违耳。且以灵笔真手，初不敢下交于肉人，虽时当有得道之人，而身未超世者，亦故不敢下手陈书墨以显示于字迹也……"

这大段说话是说明降笔的道理。世间的"浊书""淫乱下字"，与"肉手"，本来不配用来写"三元八会""龙章凤篆"之文，只为成事不废，先潦乱写下，然后再用"真书"垂示世人，也未尝不可。书法被道教徒看得很重，真书与草书同时发展的根由，也可从《真诰》里看出端倪来。

《真诰》二十卷的内容最与现代扶箕语意相同的是《诰》里的诗与谈道的文字。书法不用真隶，而用行草，是因书写急遽所致。卷十九翼真检也说："杨书中有草行多儳黵者，皆是受旨时书既忽遽贵略，后更追忆前语，随后增损之也。有谨正好书者，是更复重起，以示长史耳。"这是陶弘景的按语，也可见受诰时未用器具，只以手执笔，随神灵旨意直书而已。

周氏《冥通记》是记隐居弟子周子良死后同他的姨母交通的神迹。隐居将所记的撰集为四卷，献上朝廷，性质也和《真诰》相同。《道藏》里当然还有许多是从扶箕一类的方法写成的，撰集的人不说，也就无从知道了。如《道迹灵仙记》（《道藏》惟下三三〇册）大概也是六朝人的作品，其中有灵人辛玄子自序并诗，说他是汉明帝时辛隐的儿子。在《太帝官隶》章末注云："右七月二十四日夜保命君告。"《裴君说一年中得道》八章末注云："右九月二十日夜清灵疏出。"又记东乡君授神虎经解注。所说的"告"就是"诰"，也就是仙人的降笔。诸如此类，《道藏》里很多。

扶箕与受诰直书的现象原来差不多。前者最初只以箸插箕上，受术者扶着动的箕，使箸在沙盘上写字，毋须笔墨。后来才改箕为丁字形杆，插笔于垂直一端，用两手或两个人执着横的两端，在纸上写字；或不用笔，只弯曲垂直的一端安置在沙盘上，用两手或两人扶着横的两端在沙上书写，随即记录下来。这不过是稍为间接，和受诰直书一样地要人来写，来记录。近代扶箕可以回溯到唐时的"紫姑神"。李商隐有"羞逐乡人赛紫姑"的诗句。关于紫姑最早的记载，现在可以见到的有下列几条

［二］刘宋刘敬叔《异苑》卷五（津逮秘书本）记："世有紫姑神，古来相传云是人家妾，为大妇所嫉，每以秽事相次役，正月十五日感激而死。故世人以其日作其形，夜于厕间或猪栏边迎之。祝曰：'子胥不在（是其婿名也）。曹姑亦归（曹即其大妇也）。小姑可出戏。'捉者觉重，便是神来，奠设酒果，亦觉貌辉辉有色，即跳躞不住。能占众事，卜未来蚕桑，又善射钩。好则大儛，恶便仰眠。平昌孟氏恒不信，躬试往投，便自跃茅屋而去，永失所在也。"

这大概是现存最古的记载。刘敬叔《宋书》《南史》俱无传，明胡震亨采诸书补作一传，说他在元嘉三年（公元426年）为给事黄门，泰始中（公元465—471年）卒。所称紫姑或作紫女（见宋段公路《北户录》卷二引）。请者并不用箕，但做一躯偶像，验它的跳躞来占众事，若它不喜欢，就躺下不动。

［三］宋沈括《梦溪笔谈》（津逮秘书本，卷

二十一）："旧俗正月望夜迎厕神，谓之紫姑，亦不必正月，常时皆可召。予少时见小儿辈等闲则召之以为嬉笑。亲戚间曾有召之而不肯去者，两见有此，自后遂不敢召。景祐中（公元1034—1037年），太常博士王纶家因迎紫姑，有神降其闺女，自称上帝后宫诸女，能文章，颇清丽，今谓之女仙集行于世。其书有数体，甚有笔力，然皆非世间篆隶。其名有'藻笺篆''茁金篆'十余名。纶与先君有旧，予与其子弟游，亲见其笔迹。其家亦时见其形。但自腰以上见之乃好女子，其下常为云气所拥，善鼓筝，音调凄婉，听者忘倦……后女子嫁，其神乃不至。其家了无祸福，为之记传甚详。此予目见者，粗志于此。"

又云："近岁迎紫姑仙者极多，大率多能文章。歌诗有极工者，予屡见之，多自称蓬莱谪仙，医卜无所不能，棋与国手为敌。然其灵异显著无如王纶家者。"

这是记紫姑能做诗、能写字的一篇最古文字。但这紫姑又不是子胥的妾，及是上帝后宫诸女，她是附在王纶家的一个闺女身上，不依偶像，也不附箕箒，与《真诰》里的愕绿华、紫微夫人等的行迹相同。最可注意的是愕绿华也自云："先罪未灭，故今沦降于臭浊。"此"臭浊"是指溷厕呢,还是泛指世间呢?如是前者她与厕神有无关系呢?文献不足,只好阙疑罢。这位在王家的紫姑也可以现形,但记者没说明怎样现法,是那闺女变象呢,还是另外现出一个半截美人呢?弹筝,写字,想也是借那闺女的手做出来的。

[四]宋苏轼《东坡集》(卷十三)"子姑神记":"元丰三年(公元1080年)正月朔日,予始去京师,来黄州。二月朔,至郡。至明年,进士潘丙谓余曰:'异哉!公之始受命黄人未知也。有神降于州之侨人郭氏之第,与人言如响,且善赋诗。曰:苏公将至,而吾不及见也。已而公以是日至,而神以是日去。'其明年正月,丙又曰:'神复降于郭氏。'予往观之,则衣草木为妇人,而置箸手中,两小童子扶焉。以箸画字,曰:'妾寿阳人也,姓何,名媚,字丽卿,自幼知读书属文,为伶人妇。唐垂拱中(公元685至688年),寿阳刺史害妾夫,纳妾为侍妾,而其妻妒悍甚,见杀于厕。妾虽死,不敢诉也,而天使见之,为直其冤,且使有所职于人间。盖世所谓子姑神者,其类甚众,然未有如妾之卓然者也。公少留,而为赋诗,且舞以娱公。'诗数十篇,敏捷立成,皆有妙思,杂以嘲笑。问

神仙鬼佛变化之理，其答皆出于人意外。坐客抚掌作《道调》《梁州》，神起舞中节。曲终，再拜以请曰：'公文名于天下，何惜方寸之纸，不使世人知有妾乎？'予视何氏之生，见掠于酷吏，而遇害于悍妻，其怨深矣，而终不指言刺史之姓名，似有礼者。客至，逆知其平生，而终不言人之阴私与休咎，可谓智矣。又知好文字，而耻无闻于世，皆可贤者。粗为录之，答其意焉。"

［五］同卷《天篆记》："江淮间，俗尚鬼，岁正月，必衣服箕帚为子姑神，或能数数画字。黄州郭氏神最异，予去岁作何氏录以记之。今年黄人汪若谷家，神尤奇，以箸为口，置笔口中，与人问答如响。曰：'吾天人也，名全，字德通，姓李氏，以若谷再世为人，吾是以降焉。'箸篆字笔势奇妙，而字不可识，曰：'此天篆也'。与予篆三十字，云是天蓬咒，使以隶字释之，不可。见黄之进士张炳，曰：'久阔无恙！'炳问安所识，答曰：'子独不记刘苞乎？吾即苞也。'因道炳昔与苞起居语言状甚详。炳大惊，告予曰：'昔尝识苞京师，青巾布裘，文身而嗜酒，自言齐州人，今不知其所在，岂真天人乎？'或曰：天人岂肯附箕帚为子姑神从汪若谷游哉？予亦以为不然。全为鬼为仙，固不

可知，然未可以其所托之陋疑之也。彼诚有道，视王宫豕牢一也。其字虽不可识，而意趣简古，非墟落间窃食愚鬼所能为者……"

［六］卷六十九"人物杂记"：仙姑问答："仆尝问三姑是神耶仙耶？三姑曰：'曼卿之徒也。'欲求其事为作传。三姑曰：'妾本寿阳人，姓何，名媚，字丽卿，父为廛民，教妾曰：汝生而有异，它日必贵于人。遂送妾于州人李志处修学，不月余，博通九经。父卒，母遂嫁妾与一伶人，亦不旬日，洞晓五音。时刺史诬执良人，置之囹圄，遂强取妾为侍妾。不岁余，夫人侧目，遂令左右擒妾，投于厕中，幸遇天符使者过见此事，奏之上帝。上帝敕送冥司，理直其事，遂令妾于人间主管人局。'余问曰：'甚时人？'三姑云：'唐时人。'又问：'名甚？'三姑云：'见有一所主，不敢言其名。'又问：'刺史后为甚官？'三姑云：'后入相。'又问：'甚帝代时人？'姑云：'则天时。'又问：'上天既为三姑理直其事，夫人后得甚罪？'三姑云：'罚为下等。'……"以下东坡问私事，不关紧要，且略去。

东坡的记载，认这箕神三姑是何媚，唐武则天时被寿阳刺史强娶为妾，不到两年，被夫人投入厕中的。但是他在黄州郭氏家中又遇到一位子姑神叫李全。这李全对张炳又说他是刘苞。可见得当时降箕的不限定是三姑了。三姑姓名，宋时传为何媚，她的后夫是谁，据东坡说是她不敢说，但我们在别的书也可以查得出来。

[七]《三教搜神大全》卷四（宣统元年叶德辉重刊本）记："紫姑神者，乃莱阳县人也，姓何，名媚，字丽卿，自幼读书辨利，于唐垂拱三年（公元687年）寿阳刺史李景纳为妾，其妻妒之，遂阴杀之于厕，自此始也。紫姑神死于五月十五日，故显灵于正月也。"

《三教搜神大全》原是元刊本，所搜神圣都是宋元民间所供奉的。书中记三姑是莱阳人，与东坡记为寿阳人不同。《北史》（卷七十六）和《隋书》（卷六十五）有李景，是天水休宜人，字道兴，炀帝时年纪也不小了，未必能活到垂拱时代再去做寿阳刺史。

[八]宋孔平仲《孔氏谈苑》（《艺海珠尘》本）卷二，"厕神"条："紫姑者，厕神也。金陵有能致其神者，沈邁尝就问之，即画粉为字，曰：'文通万福！'邁问三姑姓，答云：'姓竺，《南史》竺法明，乃吾祖也。'亦有诗赠邁。近黄州郭殿直家有此神，颇黠捷。

每岁率以正月一日来，二月二日去。苏轼与之甚狎。常问轼乞诗。轼曰：'轼不善作诗。'姑画炭云：'犹里，犹里！'轼云：'轼非不善，但不欲作尔。'姑云：'但不要及他新法便得也。'"

孔平仲与东坡同时，他所记黄州郭殿直家也就是东坡所记的郭氏家，但三姑的姓名却不同了。查《南史》没有竺法明的传，法明是姚秦昙摩耶舍（Dharmayasas）的汉名，想来他也不一定有个孙女。在东坡时代，降箕的神虽然都称为紫姑，或三姑，而仙的性别却不限于女的，当然也不限于何媚一仙。三姑的徽号通常称"坑三姑"，但嘉兴称为"灰七姑"（见韩承烈《说豉》、孙兆溎《花笺录》一九〇），广东有些地方称为"月姑"，可见她的名称很多。

［九］宋洪迈《夷坚志》（卷四十二）："紫姑仙之名，古所未有，至唐乃稍见之也。世但以箕插笔，使两人扶之，或书字于沙中，不过如是。有以木手作黑字者，固已甚异，而衢人沈生之术，特为惊听。其法从占者各自书心疏，仍自缄封，用印蜡亦可，沈漫不知。既至，当门焚楮镪而祷！沈居武雄营，门无听事，只直头屋一间，逼窄狭小，室仅容膝，供神九位，标

曰'侍御王虚真人、太乙真人、南华真人'之类。先焚疏毕,乃入室中,磨墨濡毫,展幅纸于案,来者又增拈白纸成卷而实缄之,多至四十幅。沈接置于砚旁而出,虽垂疏帘,不加糊饰,了然可睹。沈同客坐伺于外,少则闻放笔声,共入视,才有数字,只是报真人名称为何神。又坐食顷,复放笔,然后取其书,上有字皆满,墨迹未干。凡所谒,无不报。但每问勿许过三事,钱止三百五十文。可谓怪怪奇奇矣!无用论其或中或否也。"

这位沈先生的手段有点作假,那疏帘与书案中间必定还有空间可以捣鬼,会变戏法的人大都可以说出来。至于他所请的真人当是道教的。"王虚"恐怕是"玉虚"。动笔的当然另有人在里间,所以外间只可听见放笔声,进去看,墨迹还未干!

关于扶箕的作伪,底下还要说到,此地先要研究"紫姑"名称的由来。苏东坡虽然有时把"紫姑"写作"子姑",但依早期的写法仍以"紫"字为正。道教徒每好用"紫"字来表示尊贵或神异。也许"紫姑"的名称与狐鬼有关。古时修道之士住在深山里头,见到美丽的女子多会当她是狐狸精,他可以用咒法来试验她,如果她不露原形,便是仙女,或是已经得道的精灵。所以狐狸精也有成仙的可能,常人只好尊称她为"狐仙"。狐仙在汉魏时代是自称为"阿紫"的。干宝《搜神记》(卷十八)有一段这样的话:

> 后汉建安中(公元196至219年)沛国郡陈羨为西海都尉,其部曲王灵孝无故逃去,羨欲杀之。羨久不见,囚其妇,妇以实对……羨乃求之于空冢中,其人但呼阿紫。"阿紫",狐字也……后十余日,乃稍稍了悟,云狐始来时,于屋曲角鸡栖间作好妇形,自称阿紫……《名山记》曰:狐者先古之淫妇也,其名曰阿紫,化而为狐,故其怪多自称阿紫。

假如紫姑与阿紫的来历是相同的,那些降箕的神灵属于何等就不难测知了。"紫"是衣,"姑"是称呼,也可以解得去。而且狐仙能预知休咎也是民间普遍的信仰。但是还有一个可能性,就是在干宝的《搜神记》(卷十六)里还记着一位女仙紫玉。作者记紫玉是吴王夫差的小女,十八岁的年纪,才貌俱美,和一个十九岁的童子韩重相恋。紫玉教韩重的父亲来求婚。夫差生气不应许。紫玉因此结气而死，死后，她又显过灵。假如紫姑与紫玉是同一个人，我们也可以了解迎紫姑的风俗怎样盛行于吴越的旧壤。我们读历史好像不知道夫差有个那么多情的女儿，也不知道有个韩重，这无疑是民间传说，但也不妨成为信仰的对象。总之，紫姑姓何名媚，与她的横死，初时不过是诸传说之一，后来人们渐把老一辈的"紫"忘掉，只记得她；对于她的丈夫，是子胥抑是李景，却还没有定见。因为写文作诗的关系，诱动一般读书人，以致后来降临的虽仍称为紫姑神，其中也有名人烈士了。

[十]宋张世南《游宦纪闻》（卷三）："世南少时尝见亲朋间有请紫姑仙，以箸插筲箕，布灰桌上画之。有能作诗词者，初间必先书姓名，皆近世文人，如于湖、石湖、止斋者。亦有能作诗赋、时论、记跋之类，往往敏而工。言祸福却多不验。"

扶箕由妇孺请坑三姑降神作戏，变为士大夫的坦白占卜法，当起于两宋时代。张世南所记的于湖（张孝祥）、石湖（范成大）、止斋（徐珂或陈傅良），不过是诸多文灵诗鬼中的几位而已。元陶宗仪也有类似的记载。

[十一]《辍耕录》(卷二十):"悬箕扶鸾召仙,往往皆古名人高士来格,所作诗文间有绝佳者,意必英爽不昧之鬼依凭精魄以阐扬其灵性耳。友人槜李顾元凯舜举亦善此术,尝招一仙至,大书曰:'独乐园主也,可命题。'众以咏诗请,鸾不停留,作成长篇,自非熟于史学者弗能焉,殊不知此等为何如鬼也。……"

苏东坡也以为紫姑不限于厕神三姑,在"子姑神记"已经说过,但在后人所集的《仇池笔记》里,他又像认定坑三姑为紫姑,其他降箕的神灵中也许有鸟兽的精灵。这或者也是信狐鬼存在所推出的理。《笔记》说:"绍圣元年(公元1094年)九月过广州,访崇道大师何德顺,有神仙降于其室,自言女仙也。赋诗立成,有超逸绝尘语。或以其托于箕帚,如世所谓紫姑神者疑之。然味其言,非紫姑所能至,又有入狱鬼群鸟兽者托于箕帚,岂足怪哉?"

东坡信入狱鬼群乃至鸟兽的精灵都会降箕,只得由他。可是他又忽然怀疑起紫姑不会说出"超逸绝尘"的话,这又未免在思想上有点矛盾了。这大概是因为他在前头所引的(四)(五)故事里是很赏识紫姑的文才的。当时所传的紫姑神不止一个，或者在此地所指的不是何媚罢。

关于宋朝请仙的方法，周密有一段记载。

[十二]《志雅堂杂钞》（卷下）："（胡）天放请仙法，先念净天地咒，洞中元虚。次念北斗咒，咒斗。又次，顺念揭地咒七遍，又口念揭谛咒七遍。画将品斗〇，圈内先写'煞'字。又次写'魁、魀、魖、魓、魒、魈、魊'。仍念诀。次念四句咒，云：'我今请大仙，愿降蓬莱阙，骑鹤下云端，谈风咏明月。'不绝口念之。"

这咒，与现在请三姑所用的不同，完全是道教的。"魁"以下七字是北斗七星的秘名，在道教经籍里常见。现时乡间妇孺辈请仙只念着像"我今请大仙"一类鄙俚的咒语，一面烧楮钱，一面诚意地念，经过相当时间，大概从十五分至一点钟，神就下降了。高尚的箕坛有时也不用咒语，只要拈香叩头默祷就可以致神。上头说过降神也不一定要借着箕箒，若有精灵附在身上，那人也可以直写下来。这方法或者不能与扶箕并为一类，只可说与扶箕有关系而已。清人对于这方法有"笔录术"的名目。

[十三]焦循《忆书》(二)说:"炼笔录之术,相传以前辈能文者一人为主,斋戒持符祝四十九日,其鬼即来附于腕下。甘泉朱生尝为之于古寺中,久之,言语举动皆异,盖形是而人非矣。其家求张天师禳之。天师曰:'此鬼夺人舍,比他罪为大。'乃焚火一盆,书符数日,用手从朱背上攫之,掷火中,作声。朱遂昏卧,医治百日方痊。书此以为学者戒。"(《丛书集成》二九六六)

焦理堂先生是个精于易学的人,当然会信幽灵,但对于鬼附身上,他却要戒学者去做。这不幸的朱生也许是遇见恶鬼,不教他写好文章,只会教他露鬼形罢。明人陈良谟也记一段故事,或者也是笔录术,因为"有形有声",绝不会是鬼,非附在人身上不能如此。

[十四]《见闻纪训》:"铅干朱氏(名南),鬼降其家,有形有声,能作诗。与其馆宾范生常讲毛诗、论、孟、子、史之文,一一可听。人间吉凶,大书以示。凡文人至,必赠以诗。如此者将一年,其事甚异,多不能尽述。时嘉靖改元(公元1522年)也。"(《丛书集成》二六八八页六九)

第二章　箕仙及其降笔

上头说过降箕者不定是紫姑，自宋以后常有"山人""道人""居士""仙子"之类，乃至历代名人都可以由箕招致。因为闺中儿女在正月十五夜所请的坑三姑已不能满足文人学士斗诗比文的要求，问功名前程也不如儿女们卜蚕桑那么单纯，所以降箕的也得有点"学问"才成。扶箕是随着科举盛行起来的。赴试的举子一方面要预知试题，一方面又要知道科名的成败。若是功名不成就，就要问为什么，有什么补救的方法。这个无形中约束了秀才举人们的品行，使他们积些阴德阴功。除了卜命运以外，还可以请仙来唱和或猜谜，或讲究技术医药等事。大体从扶箕盛行之后，已有一种专门替人扶箕的职业家到人家去趁热闹的。他们有时也设箕坛在自己家里或祠庙里，有时请定一神，有时请来才知道是哪位神灵。在"言归正传"之前，降箕的神灵多有诗词表示自己的身世。扶箕家也像有一套熟诵的诗文，一扶就很快地写出来。要不然，就不能显出神灵的妙慧。以下且把降笔与降灵者的种类胪列出来。

（甲）箕仙自道身世

有许多箕语没说什么，只把神灵自己的身世略述几句就回驾的；有些先说明降临的是谁，然后回答问题的；后者的例比较多些。但自道身世每是扶箕的惯例，如愕绿华（故事一）自己先说是南山人，且说她于宿命时曾为师母毒杀乳妇等事，实为介绍自己而言。今依次序，列出自道身世的几个箕仙来做例。

［十五］陈平《夷坚志》（卷四十）："余干冕山道人陈氏子文叔少习儒业，后从里人许子推受召致箕神之术，诙奇谲怪，殊骇听闻。凡来求文词者，落纸辄千言，笔不停辍，所谈皆出人意表。淳熙戊戌（公元1178年）有曹廷者乞诗。廷赋性淳朴，立书二十八字

云：'混然天性本天成，何必拘拘守意诚？识破鸢飞鱼跃事，自知万物不离诚。'语脉暗合其旨，他所作尽然。神自称蓬莱紫霞真人。是后灵验日著，好事为之大启醮筵以奉之，且能驱邪治病。每书牒必须黄纸重奏。已焚者，复能致其真墨色，视初略不少变。一夕，凭人言曰：'吾本汉谋臣曲逆侯陈平，缘常用兵家奇计，谪堕尘世千年，今限已满矣，当还仙境。吾从此逝，明日不复来矣。诸君珍重。'怆恨而别。自是声灭迹绝，陈子仍为儒云。"

陈平仙号蓬莱紫霞真人不知出自何典，《真灵位业图》也没有这名位，大概是降箕者的自号罢。清邹弢《三借庐笔谈》也记丁丑（光绪？）年苏州桃花坞周姓请乩，有紫霞真人降坛，未知这位也是陈平不。

[十六] 宋钦宗　宋周密《齐东野语》（卷十六）："……又闻李和父云，向尝于贵家观降仙，扣其姓名，不答，忽作薛稷体，大书一诗云：'猩袍玉带落边尘，几见东风作好春，因过江南省宗庙，眼前谁是旧京人？'捧箕者皆悚然惊散，知为渊圣在天之灵。真否固未可知，然每读为之凄然。"

[十七] 岳飞　（一）宋郭彖《睽车志》（卷一）：

"岳侯死后，临安西溪寨军将子弟因请紫姑神，而岳侯降之。大书其名，众已惊愕；请其花押，则宛然平日真迹也。复书一绝云：'经略中原二十秋，功多过少未全酬。丹心似石今谁愬？空有游魂遍九州。'丞相秦公闻而恶之，擒治其徒，流窜者数人，有死者。（左司周济美说）"

（二）《志雅堂杂钞》（卷下）："胡天放能降仙。二十年前，有三举子降仙卜前程，云：'前程事，呵呵！如今只如此，向后欲如何？'又尝请仙，箕忽踊跃可畏，经时，书一诗云：'百战间关铁马雄，尚余壮气凛秋风。有时醉倚吴山望，肠断中原一梦中。'后大书一'鄂'字。人始知为武穆也。"

（三）明郎瑛《七修类稿》（卷三十七）："金陵士友某，一日召仙，得诗云：'风露凄凉雨过天，窗疏有月到床前。夜深不作红尘梦，注得《南华》四十篇。'又云：'强胡扰扰我提兵，血战中原恨未平。大厦已斜支一木，岂期长脚误苍生？'某请书名，则曰：我二人，前陈抟，后岳飞，一仙游，一屈死，生死虽不同，然彼之清风，我之精忠，今日同归于不死矣。偶同过此。'某又问：'今秦桧亦托生否？'又书云：'自古奸忠同一死,奸忠死后各留名。奸忠总在斯文断,焉有来生与再生?'据此虽非陈岳二公,观其诗文,明爽气健,且有理致,是亦文名之士欤?"

(四)明周晖《金陵璅事》:"某请仙,降书者是岳武穆。因问:'将军恨秦桧否?'仙书诗一首,中联云:'出师未捷班师急,相国反为敌国谋。'"

以上(一)(三)(四)三则,《坚瓠八集》卷四、《二集》卷四亦引载。陈希夷可与岳武穆同行,真是神仙界所有事!岳武穆诗未免平淡,是俗书生的见解,不是名将军的襟怀。

[十八]光远 《游宦纪闻》(卷三):"近时都下有士人,许其姓者,能迎致大仙,所言多奇中。嘉定壬午(公元1222年)之春,三山黄公朴同一二朋友访许,叩功名大略,即书'沙门光远降'。先作自赞,曰:'伸脚自由,屈脚自在。不知十二部尊经;不识三千条大戒。醉后高歌,无障无碍。当时若见阎王,任他枷锁杻械。'……光远乃昔时云游入蜀,至青城山丈人观,不为道士所礼,伪为绣衣出巡,尽黥观中向来不礼之人。南僧不许入蜀者以此……"

看来光远是个无赖僧,他也成道,道真玄妙难思了！据他自赞的末二句，他也自知会有见阎王的一日。若从他生前对待丈人观道士的行为，他早就是"大妄语成，堕阿鼻狱"之流，何以还能到世间来降箕呢？

［十九］关帝　明田艺蘅《留青日札》（卷三）"武安王"条："……有客为余召箕。一日降坛，其势甚猛。书云：'威镇华夷，义勇三分。四海才兼文武；英雄千古一人。'余曰：'公乃武安王耶？'复书曰：'诺。'余曰：'闻公之灵誓不入吴，何以至此？'又书曰：'赤兔腾霜汗雨零，青龙偃月血风腥。晓来飞渡乌江上，始信天亡最有灵。'客皆愕然。盖不独见公之英灵千古不昧，而隐然非战之罪自寓于言表矣……"（《丛书集成》据纪录汇编本，二九一八，页一五〇）

关羽显灵的第一次，依《三教搜神大全》（卷三）说："宋真宗祥符五年（公元1012年）十月十七日夜，有神人自空而降，奏曰：'臣乃上天直符使者，玉帝有敕，后八日有圣祖轩辕降于宫阙。'言讫而去……"祥符七年因解州盐池建圣殿，触蚩尤神的怒气，皇帝求张天师收伏。天师乃举关将军，果将蚩尤神降伏了。皇帝于是命王钦若赍诏到玉泉山，赐"义勇"额，封"武安王"徽号。宋徽宗又加封他为崇宁至道真君。这

"崇宁"的徽号,据传说是徽宗梦中与他相会,他求封号,恰巧案上有一枚崇宁钱,皇帝便指着赐给他做徽号。郎瑛《七修续稿》(卷四)说:"《桑榆漫志》:关侯听天师召使,受戒护法,乃陈妖僧智颛,宋佞臣王钦若附会私言。至于降神助兵诸怪诞事,又为腐儒收册,疑以传疑。予以既为神将,听法使矣;解州显异,有录据矣;诸所怪诞,或黠鬼假焉,亦难必其无也……玉泉显圣,罗贯中欲伸公冤,既援作普净之事,复辏合《传灯录》中六祖以公为伽蓝之说,故僧家即妄以公与颜良为普安侍者。殊不知普净公之乡人,曾相遇以礼,而普安元僧,江西人(见《佛祖通载》),隔绝甚远,何相干涉?是因伽蓝为监从之神,普安因人姓之同,遂认为监坛门神侍者之类也。此特亵公之甚。"

关帝的被尊崇,到明朝才达到极盛时期。清初因为各处用武,关于关帝显灵的事越多,朝廷也把他推尊为武圣。乾隆四十一年七月二十六日上谕说:"关帝在当时力扶炎汉,志节凛然,乃史书所谥并非嘉名。陈寿于蜀有嫌,所撰《三国志》多存私见,遂不为之论定,岂得谓公?从前世祖章皇帝曾降谕旨,封为'忠义神武大帝',以褒扬威烈,朕复于乾隆三十二年降旨加'灵佑'二字，用示尊崇。夫以神之义烈忠诚，海内咸知敬祀，而正史犹存旧谥，隐寓讥评，非所以传信万世也。今当钞录《四库全书》，不可相沿陋习，所有志内关帝之谥应改为'忠义'。第本传相沿已久，民间所行必广，难于更易，著交武英殿将此旨刊载传末，用垂久远。其官板及内府陈设书籍并著改刊，此旨一体增入。"从此以后，"关圣""关帝"的徽号替代了"关王""关老爷"，再加上"伏魔护国"四个字，所以崇拜的人越多，显圣降笔的事也就分布到各处了。除掉秘密社会以外，士庶家庭乃至商店歌台的崇敬关帝，多半是因为他会"伏魔"，不是崇拜他的"忠义"。

［二十］叶小鸾　清陆长春《香饮楼宾谈》(卷二)："湖滨乔溇，祖师堂供奉乩坛，甚著灵应，才鬼诗仙，时托名'真人'以神其迹。道光丁酉(公元1837年)八月，吴江叶小鸾闺秀降乩三绝句云：'家住吴江路未赊，吟诗曾也吐琼葩。返生香稿犹然在，浪被人传萼绿华。''星笄霞帔一身闲，来往丹山翠水间。底事五湖抛不去，又骑彩凤到尘寰。''瑶坛小结敞重扉，林屋山光入望微。最好夜深花影寂，曲廊时有紫鸾飞。'末署'吴江叶小鸾题'。又云：'顷从潇湘玩月，

回至具区，见七二芙蓉，黛痕如拭。水天一色，星月交辉，仿佛濯魄冰壶，置身瑶阙，世间有此清凉界，不必慕"琼楼玉宇高处不胜寒"也。倚凤书此，博诸子一粲。'书毕，乩遂寂然。小鸾舜华早谢，不无红颜之嗟，今观其诗，当已在灵妃郁嫔之列矣。"

叶小鸾，吴江人，字琼章，一字瑶期，生于明万历丙辰，卒于崇祯壬甲（公元1616—1632），在世十七年。她的父母对于她的早夭很感悲痛，为她刻《返生香遗集》。集中附《窃闻》及《续窃闻》二章，是她父亲叶绍袁"敦延銮驭"的纪述。箕语糅杂佛道，颇为怪诞。这位一死就回去当"月府侍书女"的闺秀，不久便与她的父亲在箕盘上交通。在吴江一带，她的降笔当属不少。《返生香》刻本很多，最初是叶绍袁自己刻的《午梦堂集》，此外有嘉庆二十三年刊的《绿满书窗》六种本，咸丰六年王寿迈刊的《砚缘集》录本。最流行的扫叶山房石印本，是从光绪二十二年叶衍兰的写刻本翻印的。《返生香》里的诗有几成是小鸾自己写的这里不能讨论，我们可以想象自她的诗集刊行以后，景仰这在中国文学史上最年幼的女诗人的人们必定是很多的。

[二一]张宾　清褚人获《坚瓠八集》(卷二):"康对山(海)叩乩仙,忽一神降,书曰:'吾张右侯也。'对山问何时人。曰:'子不读晋书乎?吾石氏辅臣张宾也。少有大志,韬略,自期为真主定天下,不意值乱世,失身伪朝,虽言听计从,称为右侯,而以功论之,曾不如管乐。尝与横林子相对而叹,中夜感激,未尝不血泪交流也。吾子生盛世,魁多士,虽曰不显,愈于鄙人远矣。'对山又问:'横林子为谁?'曰:'苻坚相王猛是也。与余皆事房主,各怀不满,至今郁郁在鬼录……'掷笔而退。"

张宾是后赵中山人,字孟孙,博涉群书,自拟为张子房。石勒用他的谋略得以建国,封濮阳侯。勒称呼他为"右侯",不叫他的名字。康海是明弘治状元,因救李梦阳结交刘瑾,后瑾败,落职,郁郁不得志。这故事大概也是从明人笔记转录的。

[二二]史可法　清袁枚《子不语》(卷十九):"扬州谢启昆太守扶乩,灰盘书《正气歌》数句,太守疑为文山先生,整冠肃拜,问神姓名。曰:'亡国庸臣史可法。'时太守正修葺史公祠墓,环植梅松,因问:'为公修祠墓,公知之乎?'曰:'知之。此守土者之责也,

然亦非俗吏所能为。'问自己官阶。批曰:'不患无位,患无以立。'谢无子,问:'将来得有子否?'批曰:'与其有子而名灭,不如无子而名存,太守勉旃。'问:'先生近已成神乎?'曰:'成神。'问:'何神?'曰:'天曹稽察大使。'书毕,索长纸一幅。问:'何用?'曰:'吾欲自题对联。'与之纸,题曰:'一代兴亡归气数,千秋庙貌傍江山。'笔力苍劲,谢公为双勾之,悬于庙中。"

因修祠而神来降笔,自称天曹稽察大使,不晓得所司何事。至于自撰祠联,上句归罪"气数",下句像是自己夸赞,恐怕史先生生前的性格不是如此罢。

[二三] 何仙姑 《坚瓠八集》(卷三):"一人请箕仙。仙至,自云何仙姑。一顽童戏问曰:'洞宾先生安在?'箕即题云:'开口何须问洞宾?洞宾与我却无情。是非吹入凡人耳,万丈长河洗不清。'其敏捷如此。"

何仙姑与吕洞宾有何秘密,于书无可考。这四句也不像仙家的话,简直是俗人见解。关于这样的语气,在"扶箕行"中想很常见,试再举一例。

[二四] 巫山神女 《处州府志》:"青田有扶箕者,有祷辄应。客问曰:'箕为何神?'曰:'吾巫山神女

也。'客戏之曰：'昨夜曾与襄王会否？'箕书诗曰：'此段姻缘梦托成，襄王与妾本无情。至今落在诗人口，万古长流洗不清。'"

用韵用意与上节一致，说不是互相抄袭，谁肯信？

扶箕的人们时常请仙反请到鬼。鬼降箕的事有时是告诉，有时是遣兴，现在选出几段故事列在下面。

[二五] 退思主人　清百一居士《壶天录》（下）："秦中何刺史者，素善扶鸾，降坛者皆明诚意伯刘公也。一夕，诚意伯降坛，云偕一神来，乩即飞动如珠走盘，顷刻得一诗云：'退却红尘阅半年，思来子女倍凄然。主持内政承佳婿，人到齐眉不羡仙。'刺史瞿然而惊。盖其岳别号退思主人，诗每句冠首则'退思主人到'五字也。退思主人曾督西南军务，遭谗罢职里居，病殁后，已为松江府城隍矣，故云。神自此时或临坛，谈生时旧事，傍人不知者，乩则一一书之……刺史偶倩人画图自况……画甫卒业，而岳已临坛，因皇阅。乩遂题曰：'承先启后图'，笔迅扫如风，缀以古风二十四韵……自此遂寂，请亦不复至矣。"

[二六] 女缢鬼　清纪昀《阅微草堂笔记》（卷十八）姑妄听之（四）："多小山言，尝于景州见扶乩

者，召仙不至，再焚符，乩摇撼良久，书一诗曰：'薄命轻如絮，残魂转似蓬。练拖三尺白，花谢一枝红。云雨期虽久，烟波路不通。秋坟空鬼唱，遗恨宋家东。'知为缢鬼，姑问姓名。又书曰：'妾系出吴门，家侨楚泽，偶业缘之相凑，宛转通词。讵好梦之未成，仓皇就死！律以圣贤之礼，君子应讥。谅其儿女之情，才人或悯。聊抒哀怨，莫问姓名。'此才不减李清照，其'圣贤''儿女'一联，自评亦确也。"

〔二七〕程季玉 《壶天录》（下）："苏城桃花坞谢绥之茂才于九秋月白风清时率二三同志扶鸾为戏，忽有洞云仙子降坛（四六一章，诗四首。诗文长不录）。……茂才请示姓氏，又书云：'余程氏，字季玉，吴兴人。幼读诗书，解韵事，于甲子十二月二日被营兵掳逼，不从，自经，时年十四，薄葬虎阜白骨塔中。'再叩之，则寂然矣。后茂才告于同人，访其事实，上于当道，为之请旌云。"

甲子年是同治三年，太平十四年，是年十二月正当天京攻破之后不久，官兵到处淫掠，这位程季玉想也是被蹂躏者之一。

〔二八〕陆峻之 同上书："金陵陆峻之一生忠厚

待人。非礼之事，勿视勿听。人笑其迂，陆自若也。里中设立乩坛，难疑杂症，躬任发方给药，历久不倦。乙亥夏（光绪元年，公元1875年），下世。乡试后，有句容士子某诣坛，询问陆生前事甚详。众异之。据云：'仆居句邑某乡。乡有千余户，因应省试，先期设坛求乩，示中者几人。降乩者，本乡土谷神，自书系金陵陆某。因叩住址，即书：可到省城东隅某仙坛一问，即知底细。云云。'众尽以陆生之生平告之，叹恻而散。"

[二九] 来鹤楼女仙　同上书："平江来鹤楼向设乩坛，时当春暮，有数客效扶乩。俄而乩动。（吟诗数首。诗长不录。）……方知其金屋羁魂也。又叩来鹤楼创建之由。（答以诗。）……味其诗，盖藏娇之所也。时有求现色相者，乩奋书……词严义正，众益敬仰。一夕，又临乩曰：'予蒙太乙慈尊解脱，召赴骞林，不可无诗赠别……'自此寂然。其他所作诗不下数千言，不能尽记云。"

[三十] 靓云仙子　《阅微草堂笔记》（卷二）《滦阳消夏录》（二）："庚午秋，买得《埤雅》一部，中折叠绿笺一片，上有诗曰：'愁烟低幕朱扉双，酸风微戛

玉女窗。青磷隐隐出古壁，土花蚀断黄金缸。草根露下阴虫急，夜深悄映芙蓉立。湿萤一点过空塘，幽光照见残红泣。'末题'靓云仙子降坛诗，张凝敬录。'盖扶乩者所书。余谓此鬼诗，非仙诗也。"

鬼降坛时，没有不凄凉的。《坚瓠四集》（卷一）有过夏子乩词，褚氏以为唐时举子下第，耻归故里。每僦居寺刹，谓之"过夏"，此过夏子或是金台殒恨，玉楼赍志之人。袁枚《续子不语》（卷七）也记乾隆丙午春，樵川杨荷锄与金陵徐沧浔扶乩，女仙王小筠降。坛友孟某见她的降坛词句颇涉艳丽，恐致邪祟，要烧退神符。乩斥他不应当如此。又说她与孟有夙缘。她前生是在大堤下淹死的。第二天她又降乩，末后写两字"珍重"就去了。这类"秀才遇女仙"，说彼此有宿缘的乩示，也是常见的。在记载中，有些是有小说意味的，所以对于扶箕没有多少研究的价值。

（乙）箕仙预告事情

扶箕本是占卜的一种，它的流行多由于文人官僚的信仰。文人扶箕大概起于宋朝，而最流行的时期是在明清科举时代，几乎每府每县的城市里都有箕坛。

尤其是在文风流畅的省份如江浙等省，简直有不信箕仙不能考中的心理。扶箕为问试题，问功名，一次的灵验，可使他终身服膺。居官时，有不能解决的事，也就会想到扶箕。像叶名琛因信箕示而失广州一类的事，恐怕也不少见，不过记载缺乏，后人不能尽知罢了。年来北平某公因信箕示而不出去当傀儡，广州某公因信箕示而举兵造反，利害虽然不同，信箕示的势力可以说不比科举时代减少。现在把科举时代问箕的事情略举在底下。

一、问试题

回答题目的箕示用隐语或谜语的很多，直点题目的却很少。

［三一］直示题目 《夷坚志》（卷四十三）："邓端若少时传得召紫姑咒，而所致皆仙女，喜作诗。绍兴甲子岁（公元1144年），科举将开之前，在家塾与数客会食，或请邀问试闱题目者，诵咒才毕，仙已至，乃尽诚叩之。答云：'经义赋论，吾悉知之，然天机严秘，不容轻泄，姑为预言省诗题，慰诸君意。'于是大书'秋风生桂枝'五字。客皆不信。已而果然。"

［三二］预示文题中二字　同上书（卷二十一）："莆田方翥，次云，绍兴丁巳（公元1137年），秋，将赴乡举，常日能邀致紫姑神，于是以题目为问。神不肯告，曰：'天机不可泄。'又炷香酌酒，祷请数四乃书'中和'二字。翥时年十八岁，习词赋，遂遍行搜索，如'天子建中和之极'，'致中和，天地位'，'以礼乐教中和'，'中和在哲民情'，如此之类，凡可作题者，悉预为之。是岁举子多，分为两场，其赋前题曰：'中兴日月可冀'，后题曰：'我和戎，国之福'，始悟所告。翥试前赋，中魁选……"

［三三］猜谜式的指示　《子不语》（卷二十一）："康熙戊辰（公元1688年）会试，举子求乩仙示题。乩仙书'不知'二字。举子再拜，求曰：'岂有神仙而不知之理？'乩仙乃大书曰：'不知，不知，又不知。'众人大笑，以仙为无知也，而科题乃'不知命，无以为君子也，三节。'"

"又甲午（公元1714年）乡试前，秀才求乩仙示题。仙书'不可语'三字。众秀才苦求不已，乃书曰：'正在不可语上。'众愈不解，再求仙明示之。仙书一'署'字。再叩之，则不应矣。已而题是'知之者，不如好之者，一章。'"

这两段故事，上段也属预示题中二字，下段"署"用拆字法，预告题目有四个"者"字。而"不可语"却又近乎邪僻了！但看真了，也近乎两可之词。如题出的不对，就解作"不知""不可语"，也没人敢说箕仙不对。

[三四]清梁绍壬《两般秋雨盦随笔》（卷三）："嘉庆丁卯（公元1807年）浙江乡试，有人以闱题叩乩仙。批云：'内一大，外一大，解元文章四百字。'及出题，乃'天何言哉'三句。'一大'者，天也，'内''外'者，题内题外也；'四百字'，则指'四时''百物'矣。"

这样猜谜式的回答，使我恍然觉得科举时代诗钟与灯谜的盛行，原来是士子练习来解释箕示的一种法宝。

[三五]清薛福成《庸盦笔记》（卷六）："道光甲午（公元1834年）科，江南乡试，题为'执圭'一节。合肥县诸生有先期扶乩问题者。乩盘大书'唐伯虎'三字，遂寂然不动。诸生沉思苦索，有悟者曰：'唐伯虎自号六如'，此题中必有六'如'字也。因检《论语》，得'执圭'一节。为文会者十人，是岁合肥诸生

举乡榜者七人,而六在会课中,惟李玉泉封翁以乡居未与于此会。"

"又道光癸卯(公元1843年)科,浙江乡试题为'子曰,加我数年,两章'。杭州诸生亦先期扶乩问题。乩盘大书'在白云红叶之间',当时无能解者。及题既出,始悟题之上为'于我如浮云'之'云',题之下为'叶公'之'叶'字,与'红叶'之'叶'字音异而文同。塾师教童子读《论语》,向于'叶'加一小红圈,读作'叶公'之'叶'字,则乩书'红叶'之'红'字亦有着落矣。"

道光十四年的"执圭"试题,箕示以"唐伯虎",因为伯虎号六如。这样射法不能说是十分准确。因为六如不一定是唐伯虎,宋朝有全州进士唐伯虎,并不号六如(见宋王巩《随手杂录》),而且"执圭"一章实有七"如","入公门"一章也有七"如",箕示实在不切当。清牛应之《雨窗消意录》(卷三)也记癸卯年冶"白云红叶之间"的试题,作者说这事出现于荻埭纯阳宫,降箕的是关帝。关帝是正直忠义的,泄漏题目给少数人,未免有点不直罢。清代考试,弊端很多,焉知这不是主考或他身边的人与外边交通,借箕示来掩饰呢？陆长春《香饮楼宾谈》也有同样的记载。可知这回的箕示被一般擅于猜谜的秀才所称道的时间很长。

［三六］《壶天录》（下）："苏闻万童生扶乩，问试题。降乩者为玉壶寓公，云：'题在《论语》中，《孟子》上。'更求详示，复书一'六'字而去。及入场，题为'娶同姓谓之吴'六字。由后思之，果不谬也。"

这简直是没回答。"六"字除字数外，与题旨有什么关系？《论语》中，《孟子》上"，六字为句的文很多，更不知所谓。

［三七］清吴芗厈《客窗闲话初集》（卷一）："某年童子试，诸生群集请仙。鸾书曰：'今日上真皆赴元帝会，不暇降坛，命我土地权摄。诸生何问？'众曰：'明日小试，请问试官所命何题？'鸾曰：'题目在我堂内，尔等自往寻之。'于是众皆执香入土地祠堂，跪拜讫，遍览一周，并无只字。拜祷之，鸾不动矣。皆腹诽土地谬。翌日赴试，题纸下'土地'二字。此神可谓现身说法。"

这个题目的确难猜。假如土地祠内连香炉烛台等等都没有，也许可以猜到土地的偶像。所以猜题也不见得能猜得准。

[三八]《子不语》（卷十九）："抚州太守陈太晖未第时在浙乡试，向乩神问题。批云：'具体而微'。后中副车，方知所告者非题也。"

这个问题目的可谓晦气！他若不从"具体而微"的意思去预备文章，也许解元也有他的份。

二、功名

这本与问题目差不多，但问者或于文章已有把握，或已得到官职，所要知道的只是前程如何。这样的问法，时间比问题目还要早些。但有时也会有所问非所答的现象。

[三九]宋徐铉《稽神录》（卷六）："江左有支戬者，余干人，世为小吏，至戬独好学为文，窃自称秀才。会正日望夜，时俗取饭箕衣之衣服，插箸为觜、使画盘粉以卜。戬见家人为之，即戏祝曰：'请卜支秀才他日至何官。'乃画粉宛成'司空'字……戬后为金陵观察判官检校司空……"

[四十]《夷坚志》（卷十三）："吴兴周权，巽伯，乾道五年（公元1169年）知衢州西安县，招郡士沈延年为馆客，邀至紫姑神。每谈未来事，未尝不验。尤

善属文，清新敏捷，出人意表。周每余暇，必过而观之。尝闻窗下鹊噪甚急，周试叩曰：'鹊声颇喜，未审报何事？'即书一绝句，末联云：'窗前接接缘何事？万里看君上豹关。'周笑曰：'权乃区区邑长，大仙一何相奉过情耶？'是日，周与小吏执箕，箕忽跃而起，奋笔涂字。俄而昂首举笔向周移时，若凝视状，诸人皆悚然。徐就案书数十字，大略云：'……三七日内，必有召命之喜，当切记之，毋谓谑语。'时十月下旬也。至十一月十三日，大程官自临安来报召命。越二日，省帖下，以周捕获伪造楮券迁一官，仍越都察审察。距前所说十八日云。"

［四一］明闵文振《涉异志》："浮梁东隅有昭烈庙，祀唐张巡，设像傍侍者曰张太子。永乐戊子（公元1408年），士人卜秋举，降箕曰：'玉霄一点坠云端。难失佳人一不全。敲断凤钗文不就。贵人头上请君看。'盖'王英高中'四字也。是秋果然……"

四句诗暗藏四个字，也是占卜文字里所常见的这是一个好例。

［四二］明董穀《碧里杂存》（下）："成化中，杭郡庠生陈璟、陈珂，以功名事扶栾召仙。仙至，题诗

曰：'天风吹我上湖山，回首中原只惨颜。一纸灵符来野垒，又骑黄鹤到人间。'二生问：'前程如何？'书曰：'二子皆有成，但令弟更显达耳。'二生请问大仙姓名。书曰：'吾宋岳飞也。吾有心事，为子白之。'其词曰：……（词长不录）……二生曰：'他日功名有成，即以此歌立石于庙。'又书曰：'自颂功德，非臣子所宜。汝若立石，吾以雷霆碎之。'后璟中会试，为蜀府长史；珂中进士，至大理卿，果如其言……"（全文见《丛书集成》二九一一所据《盐邑志林》本，页八四）

[四三]《子不语》（卷二十一）："邓宗洛秀才云：伯祖开禹公少时赘宁海陈大司空家。众人请仙，公亦问终身。乩判云：'余赵子昂也。'五字宛然赵书。公在旁微笑云：'两朝人物。'乩随判诗一首，云：'莫笑吾身事两朝，姓名久已著丹霄。书生不用多饶舌，胜尔寒毡叹寂寥。'后公年八十，由岁贡任来安训导，十年而终。"

[四四]同上书："刘大櫆丙午下场请乩。乩仙批云：'壬子两榜。'刘不解，以为壬子非会试年，或者有恩科耶？后丙午中副榜，至壬子又中副榜。"

[四五]《阅微草堂笔记》（卷四）《滦阳消夏录》

（四）："姚安公未第时，遇扶乩者，问有无功名。判曰：'前程万里。'又问'登第当在何年？'判曰：'登第却须候一万年。'意谓或当由别途进身。及癸巳（公元1713年，康熙六旬庆典）万寿恩科登第，方悟"万"年之说。后官云南姚安府知府，乞养归，遂未再出，并'前程万里'之说亦验。"

［四六］清陈其元《庸闲斋笔记》（卷九）："道光戊子（公元1828年）乡试，余年十七。闱前，偕二三友人闲游西湖，行至苏公祠，见人在内扶鸾，因入观之。其仙则吕祖也。其人多应试者，叩功名事，答以俪语，语在可解不可解之间。余固不之信也，第见人均肃恭致问，姑长揖问己之功名。乩忽奋迅大书曰：'尔甲子举人也。'戊子距甲子三十六年，众皆视余而笑。余亦笑而出，曰：'不灵。'乩复书曰：'到期自知。'众追而告余。余又一笑置之。然自是屡蹶秋闱，至同治甲子（公元1864年），余年五十三矣。时在宁郡总办厘捐局务，浙江甫经收复，并不开科。余偶忆乩语，辄笑其诞。至冬间，左季高爵相荐举浙江人才，以陈鱼门，丁松生，及余应诏。奉旨以直隶州知州发往江西补用……后见刘崧严中丞，在坐有言乩仙不可

信者，余因述'甲子举人'一说以证之。中丞沉思良久，曰：'如子所言，乩仙颇可信矣。子非于甲子年荐举人才乎？明明是甲子举人，何尚不悟乎？'余闻是论，不觉恍然。忆乩语诚巧，或真有仙降耶？"

［四七］清胡承谱《续只麈谭》（卷下）："丙子丁丑间，虞山有扶乩者，王汉阶先生来降。时某学使方校士，言自玉峰巡场来。问某某有名未？曰：'无。'某某如何？曰：'已取。'案发果然。顷之去，乩复动，称'天下第四人'，则何义门老人也。来寻金坛王二。或求题小圃，书曰：'近自然'，笔迹宛如生前。夫生英而没神，此理之常，无足怪者，独汉阶先生行本居一，而易称二，未知何故。义门老人既称为'天下第四人'，则以上三人未知其皆为谁。惜当时问者率意棒昧，未曾逐细讯厥明白耳。盖闻之二山何飞凤云。"

为功名问乩，往往也会所问非所答。如问科名而答以试题，问自己而答以别人，未问而乩自说出，或用戏谑的态度指示，或借乩谴责，方式很多，现在举几条出来。

［四八］《子不语》（卷二十一）："缪焕苏州人，年十六入泮，遇乩仙问科名。批云：'六十登科。'缪

大恚，嫌其迟。后年未三十，竟登科，题乃'六十而耳顺'也。"

［四九］同上书（卷十六）："扬州吴竹屏臬使，丁卯秋闱，在金陵扶乩问中否。乩批：'徐步蟾宫。'吴大喜，以为馆选之征。及榜，不中。是年解元乃徐步蟾也。"

这与问自己中否无关。说他人中，未必就是指示自己不中。"六十登科"不能说是指遇题目有"六十"字眼的时候就中的意思。中国文人每好猜，好附会，影响到文字上，把重要的字省掉，以为"古洁"，所谓"蠢才"，当是指此辈而言。这种箕示也可以说是低能的。

［五十］《壶天录》（下）："丙子（光绪二年，公元1876年）春闱后，苏郡某孝廉之父望其子甚切，请乩示以中否。乩诗云：'为筑花窠燕子忙，香泥枉自落空梁。'坛中人昧语不吉，复叩：'获隽者谁何？'续书云：'一枝红杏苏堤畔，赢得马蹄都向阳。'后得南宫榜，乃知'窠'者'科'也；'子'者'子'也；'落空梁'者，未获登科也。'苏堤'，吴也；'一枝'者，一姓也；'马蹄'者，四数也；一章，一汪，两王姓，

皆阳韵，故曰'都向阳'也。"

这样指示，真要善于猜谜的才能理会，否则只好等到事实成就以后慢慢去曲解罢了。

[五一] 清钮锈《觚賸》（卷六）："陕西粮盐道祖公允图事乩仙甚谨。康熙丙子（公元1696年）科，祖襄典试，出闱，偶询他事。乩忽书云：'我乃延安府清涧县受冤人李奉河也。'问：'何以至此？'又书：'我随仇生入场，污其卷而出。'祖公潜访其实，为之雪冤，适被召入京，未果……"

冤鬼入场破坏考生功名的事例很多，但由鬼用箕指示考官的真不多见。人如有过失，在考场里很容易发起自问自悔的心情，觉得良心上实在过不去的，有时甚至自杀。将考卷涂污，或不做文章而自写供状的，几乎每场都有。在箕里所示的"仇生"，也许只是祖公从污卷中得来的暗示，因而坛上降了李奉河罢。

[五二] 清采蘅子《虫鸣漫录》（卷二）："乩仙有极灵者。王朴轩言：己未冬，与同人集建德观请仙，各问安砚之所。魏可斋者，判云：'秀而不韵。'当时不解。后就恽中丞幕，不久，恽薨，而接受毓中丞，乃知'秀'中含'毓'姓，而'韵''恽'同音也。此

外寿姓者，判云：'《周南》《召南》'，以居停之名兴《诗》也。又某，判云：'水漫金山待老僧'，得高安县馆，悟水至则高处者安也。惟朴轩，云：'章门对岸'，则现来崇仁，殊不应，不知灵于何日也。"

这些判语也都是事后猜得的。在许多事情中，总会碰到一两件，在意义上，字音上或地域上，偶然相符或略似的情形，信者便诧为灵验了。

[五三]《客窗闲话初集》（卷一）："大比之年，有父子同叩鸾仙，问得失。鸾书曰：'速往南行，路遇疯僧，问之不已，可决前程。'父子大奔而去。其子年少足捷，果追及一僧，问之不应，牵袖苦缠不休。僧瞪目大骂，曰：'入你娘的！中！'生怒欲殴，经众劝释。是科其父捷，始悟其言。"

这是岂有此理！原来箕仙的下级意识也没除净，可怪。野僧的话，如在"的"字一顿，意义是完全不同的。既然"瞪目大骂"，依理就不是笑着说，也就不会说"入你娘的中"了。

[五四]同上书："有诸生群集鸾坛问功名者。鸾书曰：'赵酒鬼到。'众皆詈曰：'我等请吕仙，野鬼何敢干预？行将请大仙剑斩汝矣。'鸾乃止而复作曰：'洞

宾道人过此。诸生何问？'诸生肃容再拜，叩问科名。鸾书曰：'多研墨。'于是各分砚研之，顷刻盈碗，跪请所用。鸾曰：'诸生分饮之，听我判断。'众乃分饮，讫。鸾大书曰：'平时不读书，临时吃墨水。吾非吕祖师，依然赵酒鬼！'诸生大惭，而毁其坛。"

这个戏弄得好。科举时代的读书人真是平时不读书的多，偶因侥幸，中得一科两榜便骄傲起来。这班人当中必有一两个稍有"胸无点墨"的自觉心因而想到"吃墨水"的讥消的。从这暗示，引起赵酒鬼的再来，请大众吃墨水，真可谓对症下药。

三、生死

问命运、子女、生死的箕卜中，以预告死期的为最多，也有说到前生事业的。

［五五］明莫是《龙笔麈》："近时有善召乩仙者，术甚奇。余偶过上海潘方伯家以他事召仙，而余适入坐。然余未有意求问也。方伯强余叩之。因焚香，稽首甫毕，而仙至，运乩大书：'云卿前揖，生欲接渐，何以罄悃？莫生能为右军点画，左氏文章。扪虱高谈，宛王景略之玩弄；围棋遣兴，几谢安石之风流。眼底

尚物何人，今乃拜手玄教，欲知生前因乎？生原玉帝右史，为草酒中敕，待罪数年，得谪今世。'余问：'何敕？''便是立世宗敕，还记否？生酒中所草者词极佳，子但不应酒中撰。代子一传，何如？'"

这话没凭没据，怎样信得过？

[五六]清张泓《滇南忆旧录》："……时姻家金某为瑞昌令，与先大夫有忘年之好，访之，握手道故。金公言署中别祠有元君降乩事。先大夫斋祷卜归隐。乩动，直书曰：'将军莫把雄心退，列戟门前大可观。'又祝子嗣维艰。复书曰：'不是傍枝不发枝。'后先大夫官终三品。先嫡慈白太夫人因病无出，余为马太夫人出，乩语皆验。"

[五七]《壶天录》（下）："扬州万佛楼未被灾时，有二士子，皆巨家也，借其楼下扶乩问子，同许大愿。谓楼名万佛，未必足数，倘获生子，情愿补足，存者悉为装金。盘上判一诗云：'德门有后不须求。神火光中一例收。愿大难偿偿大愿，请看永叔自千秋。'下书'颠僧漫笔。'当时不解所谓。未几楼灾，都转欧阳崇如履新，命湘鄂四岸票商集赀复建，有不敷者，自任之。始悟'永叔'者，隐示以欧阳姓也。"

[五八]清钱泳《履园丛话》（卷十五）："锡山有司马问渠者，喜吟咏，馆苏城华阳桥顾氏最久，死后降乩，适顾氏有人在乩前，问家中休咎。乩云：'兄弟暌违同燕雁，君臣遇合唤鸳鸯。'不解其语。是年顾氏侍萱，名翔云者，北闱中式，首题'君君臣臣'四字。从弟秋湄得信，即遣婢至侍萱夫人处报喜。婢名鸳鸯，斯亦奇矣！后侍萱兄春浦常客河南，不得聚首，如燕雁之代飞，更奇。"

[五九]《阅微草堂笔记》（卷二十二）《滦阳续录》（四）："温铁山前辈尝遇扶乩者，问寿几何。乩判曰：'甲子年华有二秋。'以为当六十二，后二年卒，乃知'二秋'为二年，盖灵鬼亦能前知也。"

"又闻山东巡抚国公扶乩问寿。乩判曰：'不知。'问：'仙人岂有所不知？'判曰：'他人可知，公则不可知。修短有数，常人尽其所禀而已；若封疆重镇，操生杀予夺之权，一政善，则千百万人受其福，寿可以增，一政不善，则千百万人受其祸，寿亦可以减。此即司命之神不能预为注定，何况于吾？岂不闻苏颋误杀二人，减二年寿，娄师德误杀二人，减十年寿耶？然则年命之事，公当自问，不必问吾也……'"

第二段故事里的乩仙可谓答得很圆滑。但也是真话。世间真能知道人的死期的，也许只有预定自杀的或被判死刑的罪犯与判人死刑的法官罢。

［六十］《子不语》（卷九）："李敏达公卫，未遇时，遇乩仙自称零阳子，为判终身，云：'气概文饶似，勋名卫国同。欣然还一笑，掷笔在秋红。'旁小注曰：'秋红，草名。'当其时无人能解者。后公为保定总督，劾总河朱藻而薨。后人方悟'朱'者'红'也；'藻'者'草'也。"

"红草"可射作"朱藻"，但"秋"字射什么？如说"秋红"射"朱"，那就无从捉摸了。

四、国事

关于国事的箕词多近于谶语。例如：元末江南大乱，《辍耕录》（卷二十七）记有乩诗预言当来的情状，说："天遣魔军杀不平，不平人杀不平人。不平人杀不平者，杀尽不平方太平。"《睽车志》（卷二）记李若水得关大王书，预言靖康祸变。《闽中小记》(《图书集成·神异典》第三百十卷，《记事》之八）记明侯官张经奉命讨倭之前，关圣降乩诗：'万里纵横事已空，战袍裂尽血犹红。夜来空有相思梦，雨暗关河路不通。'终为赵文华所谮而死。至于直说出来的也有，但也不免有语意在可解不可解之间的情形。

［六一］宋张端义《贵耳集》（卷下）："均州武当山，真武上升之地，其灵应如响。均州未变之前，鞑至。圣降笔曰：'北方黑煞来，吾当避之。'继而真武在大松顶现身三日，民皆见之。次年有范用吉之变。鞑犯武当，宫殿皆为一空。有一百单五岁道人，首杀之，则知神示人有去意矣。"

这真武神可谓太不负责任，有难苟免，还说什么福国佑民？而且真武的坐镇方面原是北方，北方的黑煞来到，正该由他去扑灭，他反而跑掉，使那一百单五岁的道人被杀，真是可怜。信者不能解释，只好说是劫数应当如此。

［六二］陶宗仪《辍耕录》（卷二十六）："至元十三年（公元1276年），江南初内附，民间盛传武当山真武降笔，书长短句曰《西江月》者，锓刻于纸，黄纸模印贴壁间。其词曰：'九九乾坤已定，清明节候开花。米田天下乱如麻，直待龙蛇继马。依旧中华福地，古月一阵还家，当初指望作生涯，死在西江月下。'"

这首《西江月》，郎瑛《七修类稿》（卷二十七）"候"作"后"，"作生涯"作"瓮生涯"。陶氏以为是真武降笔，而程敏政《宋遗民录》则以为是刘秉忠所作。郎氏解说："其初二句乃言元世祖灭宋，德祐封为瀛国公时，至顺帝至正十五年，我太祖三月起兵和阳，正当九九八十一年之数。是知乾坤已定九九，而三月乃清明时也。'米田'，言番人也。'直待龙蛇继马'，是太祖至正甲辰建国即位，乙巳伐元都，至丙午元亡，岂非'龙蛇继马'耶？'古月一阵还家'，乃言胡人皆去北矣。'当初指望瓮生涯'，此宁宗之后瓮吉剌氏不立己子而取顺帝，是无生涯矣（程注云云，略）。予考之，元惟七主娶弘吉剌氏，余皆他姓。且弘吉非瓮吉，不知程何所据，今姑依之以解。'死在西江月下'，独言顺帝北殂于应昌，猝取西江寺梁为棺之验耳。胡不通解，而注一句，又似非是。今补之，而瀛国公之事明矣。"

当时人有顺帝系宋恭帝（瀛国公）所生的一说。《宋遗民录》说元明宗取恭帝子为养子，后立为帝，幽徙文宗的皇后，放杀文宗的儿子，到失国的时候，走死在应昌，仓卒间取西江寺梁为棺，明太祖谥他为

"顺"。这一宗公案的真假还要等历史家提供充足的证据才可以断定，但不是现在所专谈的，故不加讨论。

[六三]《关帝圣迹图志》："明崇祯皇帝请仙问国祚。吕祖降乩曰：'当问之伏魔帝。'崇祯曰：'若何致之？'云：'可遣大兴令往正阳门庙中迎请。'……俄而帝降，拜行君臣礼。崇祯亦答拜，以国事问。帝曰：'妖魔太多，不可为矣。'（周）延儒问：'妖魔何在？'帝微笑曰：'你就是第一个妖魔！'延儒惊骇不能起。"（《图书集成·神异典》第三百十卷，《降笔记事》之八）

这故事好像关帝与崇祯帝面谈一样，关帝的微笑也可以被看出来了。其实是迎神像到箕坛，问者向着它扶箕，记载的人便说得活龙活现。没有偶像的箕仙，有时也会显形，有时求他显像，却被申斥一番。现在信者们用照像法，据说可以把灵像照出来。但要留心假冒，不可轻易置信。关帝是伏魔的大帝，反而对崇祯帝说"妖魔太多，不可为"，不晓得他的本事在哪里？按理他应当挥起"青龙偃月刀"，为明家杀尽"妖魔"才是。这也是录箕语的人头脑不清楚，把伏魔大帝说得太没本领了。怎能信得过？

[六四]《庸盦笔记》（卷六）："曾文正公尝告幕客

曰：余向不信扶鸾等术，然亦有奇验者。李忠武公续宾之克九江也，余方衔恤家居。一日，偶至余弟沅甫宅中，塾师方与人为扶鸾之戏，问科场事。余默念此等狡狯，何足为凭？乩盘中忽写：'赋得偃武修文。得闲字。'余言：此系旧时灯虎作'败'字解，'所问科场事，其义云何？'乩盘中又写'为九江之言也，不可喜也。'余诧曰：'九江新报大捷，杀贼无遗类，何为言败？'又自忖九江去此二千里，且我现不主兵事，忽提及此，亦大奇事。因问：'所云不可喜者，为天下言之乎？抑为曾氏言之乎？'乩判：'为天下大局言之，即为曾氏言之。'时戊午年（咸丰八年，当1858年）四月初九日也。余始悚然异之，而不解所为。至十月而果有三河之败，全军尽殁，忠武公及余弟温甫咸殉焉。乩仙自言姓彭，河南固始县人，新死于兵，将赴云南某城隍之任，道经湖南云……"

这事如记载准确的话，可以视为下意识活动的好材料。本来是问科场事，因为曾公一到，便从"败"字联想到九江的战役。自然几个月间的军事行动，变化是很大的，如有一点可以连得上，就很容易教人想到全部也有关系。本来那时的天下事也就是曾氏兄弟的事，如败下去当然也于曾氏不利的。

[六五]《庸闲斋笔记》（卷二）："乩仙多系鬼狐假托，昔人论之详矣，然世人仍多信之。以余所闻，则无锡唐雅亭明府受祸最酷。雅亭以县尉起家，累擢至浙江之慈溪令，为人有干才，能饮酒度曲，上官俱喜之，而顾极信扶鸾，每事必咨而后行。在慈溪任时，乩仙忽告以大祸且至，宜亟去官。雅亭遽引疾，上官留之不可。未半载，滨海乡民入城滋事，后任官竟至罢斥，于是益神之。又询以卜居之所，乩言：天下且有事，惟金华府之武义县最吉。遂徙往居之。置田营宅，极园亭之胜，饮酒按歌，望者疑为神仙中人。咸丰戊午（公元1858年）二月，贼至处州，叩之，曰：'无碍。'既破永康，又叩之，曰：'必无碍，'且云：'迁避则不免。'遂坚坐不出。比贼至，全家被虏，雅亭为贼拷掠，死甚惨。贼退后，余偕李太守赴县城办抚恤，至其家，断壁颓垣，焦原荒土，尸骸狼藉，为之一叹。噫！此殆宿冤，又异乎鬼狐之假托矣。"

这位唐先生可以说是一个最不会达权的人。侥幸心与迷信心混合起来缠绕着他，使他失掉理智的思维，以致结成这样惨果。这有什么宿冤可溯呢？宿冤只在少读书，不用脑而已。

还有些箕诗解答疑问纯是要人去猜，却也不是谶语。如《坚瓠补集》（卷四）引《濯缨亭笔记》说明天顺丁丑，山阴罗周听见御史沈性要荐他去就河南府学训导，便于元旦扶箕。箕仙写了一首诗给他，说："风雷不改旧山河，华屋年深蔓薜萝。仙掌云销金气冷，凤台人去月明多。英雄早听青铜吼，感慨谁知白石歌。回首五湖烟水阔，且将闲兴托鱼蓑。"诗是好诗，回答的却是什么？据解释说首二句说国家靠不住，其实也是强解。那年英宗复辟，罗周的训导也做不成，因而生出劝他不必仕的解法，否则怎样解释都能通的。

（丙）箕仙与人酬唱

科举时代的士子结诗文社的举动在各处都很盛。在社会里有时也有箕坛，用来与诗仙唱和。这种箕坛多半设在祠庙里，因为祠庙寺观常是举子预备课艺，商讨文章的地方。在福建漳州府城甚至有专祀箕仙的大愿堂。科举时代，习举子业的多半会到那里去和仙翁仙姑们结缘。此外还有许多"社"在城内外及各乡镇，最著的是北山坛，在漳州城北小梅岭。同治九年

（公元1870年），龙溪林广运将北山坛的箕诗刊行，名《北山诗存》，收罗极富，内中多是唱和之作。降坛的有关帝、吕祖、北山翁、文昌帝君、辛元帅、铁拐先生、笑口大仙、杜少陵、杨升庵、周起元、黄石斋、何楷、蝶山仙师等二十多位。诗存后附《含山语录》，全是诸仙劝善的格言。（这部诗存流行不广，只可以在漳州得到。）

北山坛的主要仙师是蝶山。坛位的次序是北山仙翁作东道，蝶山仙师居西席，申天君监坛，授药方的是白花仙及两加修仙。常在北山坛降咏的有北山颠仙、黄楼吕祖、蝶山梁氏小才女、槐阴李氏、西陵李八娘、二麻山人、玉春山人等。

北山仙翁，本上世儒者，不肯道出姓名，降坛寓名颠仙、拙道人、北山翁、香亭老人等。蝶山仙师乃明初钱塘梁氏女。生性至孝，读书守礼。洪武间随父到漳州府任所，将嫁而未婚夫的死信到，她不久也死了。她的父亲把她葬在城西演武亭后的蝴蝶山。三十六年后，脱离鬼趣，证得仙真，慈心宏切，欲渡来人，每每降箕，与文士为灵友。明末漳州乡贤陈天定、林钎二人于南江杏社时，常得到她的诲示，文章大进。从此仙迹流传，直到清末的北山坛还很受人崇仰。现在蝶山墓碑作"明小才女钱塘梁氏墓"，系由箕示重立的。墓旁有洪武间漳州太守钱古训墓，因而有个传说以为梁氏小才女系钱公的儿媳妇。漳州西湖旧有金仙院，据说是崇祀蝶山仙师的，因此她的箕示有时署名为"金仙子"。后来经过变乱，金仙院也就毁了。至于北山坛的来历也很古，康熙间漳浦蔡世远也曾到过那里，可见最少也过了二百年。槐阴仙子李氏，系明末殉节于漳海的命妇。她的家世无考。西陵李八娘，字蕙兰，唐时名妓，与洛阳苏生有约，许订终身。三年后，苏生负约，八娘寄杨柳词给他。他回了一首诗表示决绝，八娘坠楼自杀。二麻山人与玉春山人，白花仙与两加修仙的来历未详。总之，降箕的多半是不见于经传的人物，各地方依其传说而成信仰，究竟可不必问。《北山诗存》里诗都是平常的唱和，没多少趣味，爱翻阅的可以翻翻，这里就不引出来了。这类的箕仙诗集很早就有，如故事（三）的女仙集远出于宋朝，料想各地还有很多，《北山诗存》不过是其中之一而已。

　　箕仙与人间酬唱既是士子消遣与求长进的一个方

法，说来总比聚赌狎娼高尚得多。诗词中可以分为消遣、唱和、猜谜、对对、论文等类，现在分举在下面。

一、遣兴

[六六]《夷坚志》(五十卷本，卷四十四)："《白苎词》传者至少，其《正宫》一阕，世以为紫姑神所作也。方写至'追昔，燕然画角，宝钥珊瑚。是时丞相，虚作银城换得'。或问：'出何书？'答曰：'天上文字，汝那得知？'末句云：'东君暗遣花神，先到南国。昨夜江梅，漏泄春消息。'殊为骚雅。"

"蜀人郝完父以春初邀请，既降，自称蓬莱仙人王英，书《浪淘沙》词云：'塞上早春时，暖律犹微。抑舒金线柳回堤。料得江乡应更好，开尽梅溪。昼漏渐迟迟，愁损香肌。几回无语敛双眉。凭遍阑干十二曲，日下楼西。'亦冲澹有思致。"

这两段又见于宋王灼《碧鸡漫志》(卷二)。《正宫》白苎词的内容是赋雪的。王弈清《词谱》说这是宋人借旧曲名，别倚新声的作品。当时也有人定它为柳永所作的。但看'是时丞相，虚作银城换得'一句，很不像柳屯田的作风，《乐章集》也未载。想是当时一件重要史实，作者不敢注明出处，只得托为紫姑说，'天上文字，你那得知？'也是很可能的。（全词可阅林大椿《词式》，商务本，下册，五三四页。）

［六七］同上书（五十卷本，卷八）："吉州人家邀紫姑神作诗，适妻女在箕侧，因请咏手。即书曰：'笑折樱桃力不禁，时攀杨柳弄春阴。管弦曲里歌声慢，星月楼前礼拜深。绣幕偷回双舞袖，绿衣闲整小眉心。秋来几度桃花褥，为忆相思放却针？'信笔而成，殊不思索，颇有雅致。"

此诗又见于《坚瓠三集》（卷四），当然是引《夷坚志》的。

［六八］同上书（十万卷楼本，丁志，卷十八）："临川谢氏家城西，筑圃蓺花，子侄聚学其中。暇日迎紫姑神，作歌诗杂文，友生江楠过焉，意后生伪为之，而托以惑众，弗信焉。一日再至，见执箕者皆童奴，而词语高妙，颇生信心，于是默祷求诗。箕徐动曰：'德林素不见信，曷为乎索诗？'漫赋绝句云：'末豆应急用，屑榆岂充欲？嗜好肖赵张，苍皇救文叔。'众不晓所谓，复祷求神：'愿明以告我。'又徐书云：'第一句见《晋书·石崇传》，第二句见《唐书·杨城传》，

第三句见《史记·仓公传》,第四句见《后汉·冯异传》。'检视之,皆粥事也。盖是时官妓蓝氏者,家世卖粥,人以'蓝粥'呼之。楠前夕方宿其馆,神因此戏之云。德林,楠字也。"

[六九]同上书(十万卷楼本,乙志,卷十三):"绍兴九年(公元1139年),张渊道侍郎家居无锡县南禅寺,其女请大仙。忽书曰:'九华天仙降。'问为谁。曰:'世人所谓巫山神女者是也。'赋《惜奴娇》大曲一篇。凡九阕……(曲长不录)……又大书曰:'吾且归。'遂去。明日别有一人自称歌曲仙,曰:'昨夕巫山神女见招,云:在君家作词,虑有不协律处,令吾润色之。'及阅视,但改数字而已。其第三篇所云:'来岁扰扰兵戈起',时虏人方归河南,人以此说为不然。明年,渊道自祠官起提举秦司茶马,度淮而北,至鄦阳,虏兵大至,苍黄奔归,尽室几不免。河南复陷。考祠中之句,神其知之矣。"

这位巫山神女的《惜奴娇》大曲,第一,无题;第二,瑶台景;第三,蓬莱景;第四,劝人;第五,王母宫食蟠桃;第六,玉清宫;第七,扶桑宫;第八,太清宫;第九,归。第一阕里承认她与楚襄王云雨相会，与故事第二四所引的口气俨然像是两个人说的。全曲只是劝人及时求仙修道，第三阕所说："下俯浮生，尚自争名逐利，岂不省来岁扰扰兵戈起？……"也是泛说，未必是指河南的再陷。如实有所指的话，只是崇信的人们这样看法而已。

［七十］《七修类稿》（卷三十二）："尝有人召仙，请作梅花诗。箕仙遂写：'玉质亭亭清且幽。'其人云：'要红梅。'即承曰：'着些颜色点枝头。牧童睡起朦胧眼，错认桃林去放牛。'"

"又一箕题鸡冠花诗，亦如此改。其诗云：'鸡冠本是胭脂染。'（人曰：'要白者。'箕又书云：）'洗却胭脂似雪妆。只为五更贪报晓，至今犹带一头霜。'"

括弧内（人曰：'要白者……'）系依《坚瓠首集》卷四补入，以补足要"白鸡冠"的意思。这两诗虽然首句与次句转得很自然，却也不能算是好诗

［七一］《阅微草堂笔记》（卷九）《如是我闻》（三）："贾人持巨砚求售，色正碧，而红斑点点如血，沁试之，乃滑不受墨，背镌长歌一首……（歌长不录）……后题'康熙己未重九餐花道人降乩，偶以顽石请题，立挥长句，因镌诸砚背以记异。'款署'弈㷀'

二字，不著其姓，不知为谁。餐花道人亦无考。其词感慨抑郁，不类仙语，疑亦落拓之才鬼也……"

［七二］同上书（卷十四）《槐西杂志》（四）："舅氏健亭张公言：读书野云亭时，诸同学修禊佟氏园，偶扶乩，共请姓名。乩题曰：'偶携女伴偶闲行，词客何劳问姓名？记否瑶台明月夜，有人嗔唤许飞琼？'再请下坛诗词，又题曰：'三面纱窗对水开，佟园还是旧楼台。东风吹绿池塘草，我到人间又一回。'众窃议诗情凄惋，恐是才女香魂……乩忽奋迅大书，曰：'衰翁憔悴雪盈颠，傅粉薰香看少年。偶遭诸郎作痴梦，可怜真拜小婵娟。'复大书'一笑'而去……"

［七三］同上书（卷十五）《姑妄听之》（一）："黄小华言，西城有扶乩者，下坛诗曰：'簌簌西风木叶飞，断肠花谢雁来稀。吴娘日暮幽房冷，犹有玲珑白苎衣。'皆不解所云。乩又书曰：'顷过某家，见新来稚妾锁闭空房。流落仳离，自有定命，但饥寒可念，怅触人心，遂恻然咏此。敬告诸公，苟无驯狮调象之才，勿轻举此念，亦阴功也。'请问仙号，书曰：'无尘。'再问之，遂不答。按李无尘，明末名妓，祥符人，开封城陷，殁于水，有诗集，语颇秀拔……"

二、唱和

[七四]《留青日札》(卷三)："吕喦,字洞宾,幼名绍先,京川人,二十不从婚娶。会昌咸通时举进士,滞场屋者二十三年,五十道始成。祖渭,礼部侍郎。父让,海州刺史。余尝召箕,洞宾降书云:'轻挥羽扇,平分秋水,云霞泉石为佳侣。清风两袖胆气粗,洞庭飞过经千里。饱嚼瑶华,醉斟玉髓,乾坤收拾葫芦里。一声长笑海空秋;数着残棋山月起。'末书曰:'踏莎行。'余请作西湖赋,即运箕如飞,笔不停辍,有云:'攀碧海之两峰;卧白云于三竺。六桥水流鱼与俱;四贤堂寂鹿独宿。'真佳句也。客有戏之者,曰:'公之仙姑何在?'即书云:'仙姑至矣。'箕停少选,复书曰:'阆苑蓬莱自可人,东山人驻几千春。要知古女真消息,碧汉青天月一轮。'余曰:'非藏"何仙姑"三字耶?'复书曰:'然,然,然。'余出一句曰:'日月为明分昼夜',求之属对。箕即应之曰:'此拘于字,难对,聊对一句。'乃书曰:'女生合姓别阴阳。'客又戏之曰:'适见洞宾否?'箕忽震怒者久之,复书曰:'仙友从来有洞宾,尔今问我是何因?婉妗自许逢周穆,

姜女谁知与乱臣。烈火精金应不烁,苍蝇白璧未尝磷。道心清净浑如水,不学凡间犬豕人。'何仙姑者,广东增城人,生而顶有六豪,所居地有云母,忽梦异人教之服饵。唐景龙中仙去……"

这也许是故事(二三)的张本。故事(二三)是何仙姑的自辩,这里是教训人,比较高明一点。

[七五]《七修类稿》(卷四十五):"严州建德县俞宪副夔,嘉靖戊子(公元1528年)兵备四川,云:川之筰都间有曹将军家,久会一仙,自称宋状元何魁,或悬笔空书,或箕头染翰,谈诗论文,评书作画,往往有出人处,虽三司亦与之唱酬。……有一金宪自幼无父,欲求其父像于仙。仙曰:'待予探去。'明日画一像送其衙,家人识者无不曰:'俨然'也。"

酬唱的作品每含秀才气味,多读了令人不快。《北山诗存》里这类的诗歌占了大半部。其他杂记里也很常见,引不胜引了。

三、猜谜

[七六]清罗天尺《五山志林》(卷八):"(顺德)《邑志杂记》云:方康二帅堂在平步,宋末神卟最灵。

邑人区适子袖蕉叶试之。题曰：'袖里笼来一叶青，知君无意问前程。可怜昨夜三更雨，失却窗前数点声。'"

这诗在明人著作中如《涉异志》、《七修类稿》(卷三十九)等，都记载过。《涉异志》以为是浮梁昭烈庙张巡"太子"或庙内旅榇的鬼灵所降的笔。《坚瓠首集》(卷四)也载入，但记为在松江邱氏家的降笔。四句的大意，各记载都相同，不过用字稍有出入而已。看来这诗的流传必是很广。罗氏记为宋末，也许不差。《涉异志》又记一士人得雁来红，向箕神问名。诗说："苏武当年胆气雄。匈奴一箭射飞鸿。至今血染阶前草，一度秋来一度红。"诗并不好，因为是扶箕得来的，也就有神秘性了。

[七七] 明朱国桢《涌幢小品》(卷二十三)："吴江一士夫家扶箕者，有神至，众未问而笑。乩曰：'诸生何笑？'对曰：'我笑汝未必神耳。'乩曰：'诸生能解谜否？'哄且笑曰：'我辈能做文章，何况于谜？'乩曰：'有二字作一谜，与汝猜。词曰：长十八，短八十，八个女儿低处立；混沌看来一个字，四面看来四个不。'众皆不解，文曰：'我辈只会文字，何暇及谜？'乩曰：'尔说会做文章，如何考了四等第二？'

盖为首一生近考名数如此,乃大骇服。又曰:'费氏到至诚,里面拜我。'盖主母在内行礼,已先知之。于是众咸拜问谜是何字。则'樓米'二字也。"

《坚瓠四集》(卷一)亦载此事,"樓"字俗写作"楼",怪不得秀才们不认得。

[七八]《客窗闲话初集》(卷一):"有狂生不信鸾仙者,适友人家,见骈集多士,开坛请仙,其诚肃之容,如对严师,如临大祀,咸端庄拱立,无敢出声者。狂生大笑曰:'清平世界,敢以妖言惑众,我将治……'其友曰:'慎毋哗,真仙在此。汝若不信,可作文字,固封以叩之,能直言其隐,岂我辈所妄托耶?'生曰:'果如是,请尝试之。然公等所请者何仙?'友曰:'麻姑耳。'生又大笑,至密室,潜书一封,掷坛上曰:'请判。'鸾少息。生曰:'其技穷矣!'忽大书曰:'调寄《耍孩儿》',其词曰:'立似沙弥合掌,坐如莲瓣微开,无知小子休弄乖,是你出身所在。'狂生失色而遁。众开其封,乃大书一'屄'字也。"

[七九]《香饮楼宾谈》(卷二):"双林数士人为扶鸾之戏,有仙降坛,自称冲素山人,与诸名士倡和甚欢,猜枚射覆,无不奇中。一人覆墨头请射。乩画未

济卦，盖焚烟有取于火，而研墨必赖乎水也。又易以线香寸许。乩云：'其质属木，其形属土，其用宜金与火，所忌者水耳。'一人以纸煤头为覆。乩书一律云：'蕴蓄宏深孰与俦？离明正气暗中收。倘教石大逢青眼；未必江郎竟黑头；功绩克兼钻燧氏；封疆重守管城侯。卷怀此夕无他耀，伫看余辉烛九州。……'"

四、对对

[八十]《坚瓠首集》（卷二）："唐伯虎召乩仙，令对'雪消狮子瘦'，乩即书曰：'月满兔儿肥。'又令对'七里山塘，行到半塘三里半'，乩又书曰：'五溪蛮洞，经过中洞两溪中。'时刑部郎中黄昪亦令仙对'羊脂白玉天'，乩云：'当出丁家巷田夫口中。'黄明日往试之，见耕者锄土，问：'此何土？'耕者曰：'此鳝血黄泥土耳。'众始信其仙。"

[八一]同上书十集（卷一）："乩仙大约文人才士精灵之所托。有金某通其术，诡称一陈夫人，号曰慈月智朗，与生有婚姻之缘，请之即来。长篇大章，滔滔汩汩，缙绅先生亦惑其说。又有召鬼演戏，以数岁小儿为之，啼笑悲欢，手舞足蹈。一童自称西楚霸王，

持巨木而舞，不知其重。适嘉兴一士在旁，谓曰：'吾有一对，请鲁公对之。西水驿西，三塔寺前三座塔。'驿与塔皆在嘉兴。童忽仆地，迟久复起，乃大言曰：'北京城北，五台山上五层台。'众称善。复曰：'吾为此对，几游遍天下矣。'半晌乃苏。"

[八二] 同上书补集（卷二）："客座新闻：弘治间，钱塘吴启东游西湖，见湖旁有请仙者，众登岸往观。一庠士以学宪有一对云：'鼓振龙舟，惊起鼋鼍之窟'，久莫有能对者，以此请仙对之。即书云：'火焚牛尾，冲开虎豹之关。'众请留名，乩书'可怜！可怜！'而已。众强，复书：'诸君可到湖东大杨树下相见。'次日，众果踵迹至彼，见树下芦席裹一尸在。众惊愕，访之，乃知数日前缢死者。众因捐金市椟，埋之野中。"

[八三] 同上书补集（卷四）："钩玄：松江邱氏尝以疾召仙。坐客曰：'近有一对云：胆瓶斜插四枝花，杏桃梨李。无可对，劳大仙对之。'乩即书曰：'手卷横披一幅画，松竹梅兰。'人以为奇。"

[八四] 清青城子《志异续编》（卷四）："有扶乩者，各出一对求仙对，仙一一对讫。仙出一对曰：'王马温赵四帅。'众莫能对。仙复判曰：'定有才人来对。'

有顷，金圣叹至，对曰：'禹汤文武四王。'众惊为奇才。……"

对对本属小道，玩弄字眼的作品比较多。一般信箕的人们每每很看重它，对出来的却有点像北平说相声的的作品。

五、辩论文体

这一类的箕辞比较少，大抵因为文章的理论不为扶箕者个个所深究，所以箕神也不能多说了。此地只得到底下的一段故事。

［八五］《阅微草堂笔记》（卷十八）《姑妄听之》（四）："汪主事厚石言：有在西湖扶乩者，下坛诗曰：'旧埋香处草离离，只有西陵夜月知。词客情多来吊古，幽魂肠断看题诗。沧桑几劫湖仍绿，云雨千年梦尚疑。谁信灵山散花女，如今佛火对琉璃。'知为苏小小也。客或请曰：'仙姬生在南齐，何以亦能七律？'乩判曰：'阅历岁时，幽明一理，性灵不昧，即与世推移。宣圣惟识大篆，祝辞何以写隶书？释迦不解华言，疏文何以行骈体？是知千载前人，其性识至今犹在，即能解今之语，通今之文。江文通、谢元晖能作《爱妾换马》

八韵律赋。沈休文、子青箱能作《金陵怀古》五言律诗。古有其事，又何疑于今乎？'又问尚能作永明体否？'即书四诗……（诗长不录）……盖子夜歌也。虽才鬼依托，亦可云俊辩矣。"

（丁）箕仙与人谈道及教训

箕仙与人谈道的事例，在诸家笔记里不多见。底下引的一段是很早的材料。

［八六］《谈苑》："金陵夏氏能致紫姑神。神能属文，其书画似唐人，应对机捷。蒋山法泉长老曰：'问仙姑，求一偈子。'神云：'神拜来，不惜口中口，你为说破。'泉曰：'试说看。'神曰：'咄！'泉曰：'也是外学之流。'神曰：'法。'泉曰：'公案未了。'神曰：'将拄杖来。'良久书颂曰：'钟山，钟山，今古长闲。天边云漠漠，涧下水潺潺。'或写此段语寄示李之仪，曰：'冤哉法泉，被三姑摧折！'之仪答曰：'法泉所谓霜上加霜也。'"

法泉长老住金陵蒋山太平兴国寺，与苏东坡交游颇密，晚年奉诏住大相国智海禅寺，是个讲禅学的大师。因此，三姑对他也说起禅偈来了。李之仪，元丰进士，尺牍最工，东坡称他的书启为"入刀笔三昧"。三姑与东坡时代诸贤的因缘从此可见一斑。

至于普通的教训，如《文昌帝君阴骘文》《关帝经》里的乩示等等，随处都可以见得到。扶箕的一个目的也是请示道德教训，尤其是劝善一类的文字，如戒淫、戒杀生、戒嫖赌、戒烟等等，不一而足。这种文字，在现在各处的箕坛里都可以得着。底下引的是几段典型的道德及劝诫的箕示。

[八七]《坚瓠六集》（卷一）："元至顺辛未间（公元1331年）福建廉访使密兰沙求仙。紫姑降笔云：'刀笔相从四十年，非非是是万千千。一家富贵千家怨；半世功名百世怨。牙笏紫袍今已矣，芒鞋竹杖任悠然。有人问我蓬莱事，云在青山鹤在天。'"

[八八]《阅微草堂笔记》（卷十）《如是我闻》（四）："海宁陈文勤公言：昔在人家遇扶乩。降坛者，安溪李文贞公也。公拜问涉世之道。文贞判曰：'得意时毋太快意，失意时毋太快口，则永保终吉。'公终身诵之……"

[八九]同上书（卷五）《滦阳消夏录》（五）："沧州樊氏扶乩，河工某官在焉，降乩者关帝也。忽大书

曰：'某来前。汝具文忏悔，语多回护。对神尚尔，对人可知。夫误伤人者过也，回护则恶矣。天道宥过而殛恶，其听汝巧辩乎？'其人伏地惕息，挥汗如雨。自是怏怏如有失。数月病卒。竟不知所忏悔者何事也。"

[九十]《雨窗消意录》（卷三）："某富翁家居，厚自奉，不与人通；未尝治生，而财不耗；终岁无疾病；或有祸患，亦意外得解。尝一婢自缢死，里胥大喜；张其事报官，官亦欣然，即日来。比陈尸检验，忽手足蠕蠕动，方共骇怪。俄欠身转侧；俄起坐；已复苏矣。官欲以逼污投缳锻炼之，微言导婢。婢叩首曰：'主人妾媵如神仙，宁有情及我？傥及我，则生平之愿也，宁肯自戕？实闻父无罪，为官杖杀，冤不能白，故愤恚求死耳。'官大沮，去。他事多类此。乡人皆怪其蠢然而厚福，偶扶乩，叩之。乩判曰：'诸公误矣。其福正以其蠢也。此翁过去生中乃一村叟。其人淳淳闷闷，无计较心；悠悠忽忽，无得失心；落落漠漠，无爱憎心；坦坦平平，无偏私心；人或凌侮，无竞争心；人或欺绐，无机械心；人或谤詈，无嗔怒心；人或构害，无报复心；故虽槁死牖下，无大功德，而独以是心为神明所福，使食报今生，其蠢无知识，正其

心异性存,未昧善根也。诸君乃为疑,不亦误耶?"

这几段故事都是近于道教教训,劝人消极地做人,像那位蠢富翁一样,就算前生修下来的福分了。

[九一]《子不语》(卷十三):"明季关神下乩坛,批某士人终身云:'官止都堂,寿止六十。'后士人登第,官果至中丞。国朝定鼎后,其人乞降,官不加迁,而寿已八十矣。偶至坛所,适关帝复降,其人自以为必有阴德,故能延寿,跽而请曰:'弟子官爵验矣,今寿乃过之,岂修寿在人,虽神明亦有所不知耶?'关帝大书曰:'某平生以忠孝待人,甲申之变,汝自不死,与我何与?'屈指计之,崇祯殉难时,正此公年六十也。"

[九二]清诸联《明斋小识》(卷一):"诸生岳保和住殷家兜,值大比年,设乩问休咎。初土地神降云:'驾将到,尔等须虔肃。'俄而宅神、灶神、城隍神齐集,历乩匆忙,金曰:'关圣至。'须臾一室奇香,灯火尽绿,垆中烟直上。岳汗流胆丧,慴伏叩首,敬问秋试事。乩云:'天曹选士,末论文章,先睹品行。凡孝友者中;诚实者中;功德及人者中;不欺暗室者中;心口如一者中;不忮不求者中;视人犹己者中;无意

恶口过者中；戒贪淫者中。查尔生平无一善状，命周仓斩家灭迹。'书毕，箕飞于空。逾年疫起，阖家丁口，靡有孑遗。"

上两段一是教忠，一是惩恶，很像世俗所传关帝的性格。但对于岳生以"生平无一善状"，施以"斩家灭迹"的惩罚，未免太过严厉罢。

［九三］《阅微草堂笔记》（卷七）《如是我闻》（一）："朱天门家扶乩，好事者多往看。一狂生自负书画，意气傲睨，旁若无人，至对客脱袜搔足垢，向乩哂曰：'且请示下坛诗。'乩即题曰：'回头岁月去骎骎，几度沧桑又到今。曾见会稽王内史，亲携宾客到山阴。'众曰：'然则仙及见右军耶？'乩书曰：'岂但右军，并见虎头。'狂生闻之，起立曰：'二老风流，既曾亲睹，此时群贤毕至，古今人相去几何？'又书曰：'二公虽绝艺入神，然意存冲挹，雅人深致，使见者意消。骂坐灌夫，自别是一流人物，离之双美，何必合之两伤？'众知有所指，相顾目笑；回视狂生，已着袜欲遁矣。此不识是何灵鬼，作此虐谑。惠安陈舍人云亭尝题此生《寒山老木图》曰：'憔悴人间老画师，平生有恨似徐熙，无端自写荒寒景，皴出秋山鬓已丝。

使酒淋漓礼数疏，谁知侠气属狂奴。他年倘续宣和谱，画师如今有灌夫。'乩所云'骂座灌夫'，当即指此。又不识此鬼何以知此诗也。"

[九四]同上书（卷四）《滦阳消夏录》（四）："卧虎山人降乩于田白岩家，众焚香拜祷。一狂生独倚几斜坐，曰：'江湖游士练熟手法为戏耳。岂有神仙日日听人呼唤？'乩即书下坛诗曰：'鶗鴂惊秋不住啼，章台回首柳萋萋。花开有约肠空断，云散无踪梦亦迷。小立偷弹金屈戍，半酣笑劝玉东西。琵琶还是当年否？为问浔阳估客妻。'狂生大骇，不觉屈膝，盖其数日前密寄旧妓之作，未经存稿者也。仙又判曰：'此笺幸未达，达则又作步非烟矣。此妇既已从良，即是窥人闺阁。香山居士偶作寓言，君乃见诸实事耶？大凡风流佳话，多是地狱根苗，昨见冥官录籍，故吾得记之。业海洪波，回头是岸。山人饶舌，实具苦心。先生勿讶多言也。'狂生鹄立案旁，殆无人色，后岁余，即下世。"

"余所见扶乩者，惟此仙不谈休咎，而好规人过，殆灵鬼之耿介者耶？先姚安公素恶淫祀，惟遇此仙必长揖，曰：'如此方严，即鬼亦当敬。'"

[九五]清庸讷居士《咫闻录》（卷六）："关中

马振，近时画家之著名者也，善工笔。一时风气，凡馈大宪礼，必有秘戏图册，而马振之所画者……其值增至六六之数……于是日夜摹写，两目成瞽……朝夕祷神，斋戒沐浴，诣坛扶乩，批曰：'名号丹青品至清，如何秽笔绘淫形？戒人以色人知戒，滋欲焉能不瞎睛？'马又求曰：'嗣后当痛改前非，并劝友人亦不绘秘戏图矣，求神救之。'又批云：'子非害病瞎双睛，药石何能挽此盲？七七静修断外慕，云收雾去月光明。'马乃设坛静坐，亦学扶乩，朝夕运炼，坐至四十九日，前之不知朝暮，今见往来人影矣。乃悬手举笔，笔自能动。初则满纸画花，后静坐月余，一日，悬笔试之，见笔滚滚飞舞作圈，一笺数千圈而已。次日又试之，又复作圈数千。连试十八日，目竟明。视之，乃天神天将之像也。其眉目头面，手足身体，尽是圈成，而且一笔到底，并无粗细，真铁笔也……从此马振不图淫形，不谈淫事，年逾七十，尚可不用暧睇焉……"

这两段是对于淫行的警戒。马振是道光时人。他的病，可看为精神或信仰疗治的一个例。

[九六]《坚瓠四集》（卷三）："有客行货金陵，舟人见客孤身，夜杀客而取其所有，遂富，弃舟不操。

逾年生一子，甫弱冠，荡费家业，父或训诫，反被殴詈。邻有术士，召仙甚验，舟人往拜，冀其修改。仙附乩书曰：'六月初三风雨恶，扬子江头一着错。汝儿便是搭船人，请君自把心头摸。'悚惧而退。不数日，忧悸而死。"

这类谋财害命的果报故事，很多书上都有，舟人的良心不安实是他致死的主因。

（戊）箕仙示人医药及技艺

凡箕仙都像无所不知，无所不能的。求医的事现在各处箕坛上都可以见到，此地选的是几段论医理的故事，可以从中略为看出箕仙们对于医药的知识与见解。至于技艺，方面很多，大体以作文、写字、绘画、围棋等事为多。他如刑名幕术，底下也有一例，不过有点不正经而已。

[九七]《壶天录》（下）："杭城吴山岳庙向有乩坛，辛巳（光绪七年，公元1881年）七月，同人复请神，初为佛祖降坛，问答多时，忽谕云：'老僧为东岳解疫一节，屡次渎请，尚难挽回。瘟疫将临，急宜悔罪行善。闰月朔起，八月朔止，斋戒持素一月，或可免戾

耳。'厥后吕祖降鸾，亦有此训。"

"时扬城亦设坛请乩，求减灾疫。济祖、吕祖未到。济祖派悟清侍者至；吕祖派柳仙来……悟仙判云：'诸子所求，实属可悯。天灾流行，国家代有。幸好善者多，扬城十分之灾已减其六。天意至公，岂敢饶舌？由扬而东，拭目望之，方知此地之万幸也。尽心施助利物，乃大功德，诸子勉旃。药方可求之柳真人。'判亦仿佛。药方则'柴胡、葛根、杜仲、贯众各一两，甘草半之。菖蒲五茎，以麻袋盛浸于食水缸中。凡井中多放泥鳅。即食水缸中亦可放三四，以收疫气也。'"

[九八]《阅微草堂笔记》（卷八）《如是我闻》（二）："先姚安公言，有扶乩治病者，仙自称芦中人。问：'岂伍相国耶？'曰：'彼自隐语，吾以此为号也。'其方时效时不效。曰：'吾能治病，不能治命。'"

"一日，降牛丈希英家。有乞虚损方者，仙判曰：'君病非药所能治，但遏除嗜欲，远胜于草根树皮。'又有乞种子方者，仙判曰：'种子有方，并能神效。然有方与无方同，神效亦与不效同。夫精血化生，中含欲火，尚毒发为痘，十中必损其一二，况助以热药，抟结成胎，其蕴毒必加数倍。故每逢生痘，百不一全。

人徒于夭折之时，惜其不寿，而不知未生之日，已伏必死之机，生如不生，亦何贵乎种耶？此理甚明，而昔贤未悟。山人志存济物，不忍以此术欺人也……'"

"又闻刘季箴先生尝与论医。乩仙云：'公补虚好用参，夫虚症种种不同，而参之性则未有所主，不通治各症。以脏腑而论，参惟至上焦中焦，而下焦不至焉。以荣卫而论，惟至气分，而血分不至焉。肾肝与虚阴，虚而补以参，庸有济乎？岂但无济，元阳不更煎铄乎？……'季箴极不以为然。"

这位芦中人于"能治病，不能治命"的话可谓说得很圆；对于种子方，虽有点见解，骨子里还是用两可语法。论人参的功用，底下还说人参的产地与功效的关系，对与不对，要等中国药性学家来评断。

［九九］同上书（卷九）《如是我闻》（三）："李芍亭家扶乩，其仙自称邱长春，悬笔而书，疾于风雨，字如颠素之狂草。客或拜求丹方。乩判曰：神仙有丹诀，无丹方。丹方是烧炼金石之术也。《参同契》鈩鼎铅汞，皆是寓名，非言烧炼。方士转相附会，遂贻害无穷。……'其人悚然而起。后芍亭以告田白岩。白岩曰：'乩仙大抵托名。此仙能作此语，或真是邱

长春欤？'"

关于作文绘画等事，有下列几段故事。

［一〇〇］《志雅堂杂钞》（卷下）："金方叔，讳吾，上庠人，尝创止庵于其家。客有降仙者，忽请石曼卿至。金乃求止庵记。仙即书云：'山名止山，水名止水，名实相符，斯可为记。今子之心，一日千里，吾见其进，未见其止。待子他日，明艮之旨，然后为之，未为晚矣。'"

这是找钉子碰，曼卿的鬼实在未曾给他作止庵记。

［一〇一］《坚瓠补集》（卷二）："有请仙者。仙至，自称柳子厚。因请作募修桥文。乩即书云：'古里莲溪，岸分左右。中横一派，直通汝、汉、江、淮；向有桥梁，任尔东西南北。近因岁久圮颓，钉消木化，行者趑趄，过者烦恼。似撄翼德之怒，人影空随。类触项羽之威，爨藤难续。隐士无从买卜；才人何处留题！抱信者任其潮至；种玉者旷尔良缘。苟无光武中兴，滹沱不冻。若有东山睹墅，鞭策谁投？馌者枵农夫于饥渴之际；行者阻商贾于风雨之中，岸畔之石，叱之不动。柳阴之舟，呼之不来。达磨之术未谙，折芦谁渡？长房之术难学，缩地无由。危桥岌岌，易水萧萧。

今欲鸠工启建，无白水以难成。聊陈芜语募缘，有青蚨而始就。遍告檀那，普求善信，喜舍随轻随重，获福无量无边。同种良田，共成盛事；幸垂乐助，请著芳名。谨疏。'"

记者未说明修哪里的桥。这篇"疏文"有近于万应文章，想柳子厚没有这样写法罢。

[一〇二]《子不语》（卷十九）："……有求对联者，（乩）书：'努力加餐饭，小心事友生。'问：'次句何出？'曰：'秀才读时文，不读杜诗，可怜可笑！……'"

还有箕仙反求人撰文的。

[一〇三]《辍耕录》（卷二十六）："虞邵庵先生布衣时，落落不偶，久客钱塘。一日，偕友人杨公仲弘、薛公宗梅、范公德机，访方外宰渊微炼师于西湖之曲，求召鬼仙以卜行藏。炼师即置箕悬笔，书符作法。有顷箕动笔运，而附降云：'某非仙，乃当境神也。'炼师叱曰：'吾不召汝，汝神何来？'神附云：'某欲乞虞公譔一保文，申达上帝，用求迁升耳。'众因劝先生其无辞神请，先生遂诺。翌日，文成，火于湖滨。逾旬，再诣炼师祷卜。神复降云：'某已获授城隍，谨候谒谢。公必贵显，幸毋自忽……'"

邵庵即虞集，元文宗时由大都路儒学教授迁奎章阁侍书学士，纂修经世大典，为一代文宗。《道园学古录》（卷三十）有《宰渊微先生画象赞》一首，其他与道流酬唱的作品很多，可见此公与"仙"有缘。

[一〇四]宋何薳《春渚纪闻》（卷四）："政和二年（公元1112年），襄邑民因上元请紫姑神为戏，既书纸间，其字径丈。或问之曰：'汝更能大书否？'即书曰：'请速粘襄表二百幅，当为作一"福"字。'或曰：'纸易耳，安得许大笔也？'曰：'请用麻皮十斤，缚作笔，令径二尺许，墨浆以大器贮，备濡染也。'诸好事因集纸笔，就一富人麦场铺展，聚观。神至，书曰：'请一人系笔于项。'其人不觉身之腾踔，往来场间。须臾字成，端丽如颜书。复取小笔书于纸角云：'持往宣德门，卖钱五百贯文。'既而县以妖捕群集之人。太府闻之，取就鞫治，讫无他状，即具奏知。有旨令就后苑再书验之。上皇为幸苑中临视。乃书一'庆'字，与前书'福'字大小相称，字体亦同。上皇奇之，因命襄邑择地建祠，岁祀之。"

[一〇五]《宁波府志》："钱炼山，名万贯，二十时，能焚香默咒，以降乩仙。平生未尝攻书翰，而仙

依其桃符,能写字题诗。久之,不假桃符,援笔而已。日可千余言,古诗律句,随笔而成……"

手头没《宁波府志》,此段依《图书集成》(《神异典》第三百十卷)降笔部所引。所言"桃符"大概就是用桃枝做成的丁字形箕笔,用来画沙的。

[一〇六]《阅微草堂笔记》(卷五)《滦阳消夏录》(五)"癸巳甲午间(公元1773—1774年),有扶乩者自正定来,不谈休咎,惟作书画,颇疑其伪。诧然见其为曹慕堂作着色山水长卷,及'醉钟馗'像,笔墨皆不俗。又见赠董曲江一联云:'黄金结客心犹热,白首还乡梦更遒。'亦酷肖曲江之为人。"

[一〇七]《山西通志》:"太原府纯阳宫在贡院东天衢,明万历年建。凡起造规画,皆仙乩布置。内八卦楼,降笔楼,亭洞幽雅,俱非人思意所及。即对额皆乩笔所题;碑记乃李太白乩笔也,用醉翁亭体,文甚奇隽。"

箕仙,看来又可以当建筑师。信箕示的每每将建筑图样请仙选择,至于仙人自画图样却很少见。

[一〇八]《阅微草堂笔记》(卷十五)《姑妄听之》(一):"德慎斋扶乩,其仙降坛不作诗,自署名曰刘仲

甫，众不知为谁。有一国手在侧曰：'是南宋国手，著有《棋诀》四篇者也。'因请对弈。乩判曰：'弈则必我负。'固请乃许。乩果负半子。众曰：'大仙谦抑，欲奖成后进之名耶？'乩判曰：'不然，后人事事不及古，惟推步与弈棋则皆胜古。或谓因古人所及，更复精思，故已到竿头，不能进步。是为推步言，非为弈棋言也。盖风气日薄，人情日巧，其倾轧相攻之术，两机激薄，变幻万端，吊诡出奇，不留余地。古人不肯为之事，往往肯为。古人不敢冒之险，往往敢冒。古人不忍出之策，往往忍出。故一切世事心计，皆出古人上。弈棋亦心计之一，故宋元国手，至明已差一路，今则差一路半矣。然古之国手，极败不过一路耳。今之国手，或败至两路三路，是则踏实蹈虚之辨也。'问：'弈竟无常胜法乎？'又判曰：'无常胜法，而有常不负法。不弈，则常不负矣。仆猥以凤慧，得作鬼仙，世外闲身，名心都尽，逢场作戏，胜败何关？若当局者角争得失，尚慎旃哉！'四坐有经验世故者，多喟然太息。"

这位刘鬼仙将弈理推论今人心计比古人工细，固是名论，但以"不弈"为"常不负法"却有点掉落占卜词的窠臼，只可欺头脑混沌的信者，因为"不弈"充其量只可说"未胜未负"，绝不能知其必不负、不胜。如说"常未负法"就比说"常不负法"较为近乎真理。

［一〇九］《客窗闲话初集》（卷一）："有幕客于衙斋请仙，鸾大书：'浙绍星槎先生来此，汝曹有何领教？'众讶其倨傲，问曰：'先生何仙？请示降坛诗。'鸾曰：'吾乃汝曹之老前辈，昔在此署，总理刑名钱谷大幕也。诗云：情淡封轻仅五钱，旁花随柳过前川。时人不识予心苦，将谓偷闲学少年。'众皆笑曰：'此千家诗也，人所共知，先生袭之，又连作别字，某等不解尊意。'鸾曰：'此正吾辈名幕套法巧夺古人处。汝曹学浅难解，吾为注之。敝居停，进士公也，酸刻而好嬉戏，每传班演剧，与优伶杂采，仅朱提五星。时有花柳二小优，与吾甚昵，恒随带过前川堂，众皆目逆而送之，曰：先生乐甚！殊不知去一月修金，正难与细君销算之苦也，故诗云。且吾辈办案，何不套叙？一切留心熟套，则不犯驳饬，何也？上游幕客，皆吾辈套中人耳。此等秘法妙诀，夜台无用，以赠诸公，无负老夫一片婆心也。'是后开鸾必至，所言皆卑鄙琐陋，呶呶不休，皆厌恶之，而无可如何。一日，

仆偶以稿案误置坛上,忽大书曰:'此案难办!'而寂。众视案卷,令已粘签其上,应禀覆宪司者,无熟套可循,故鬼畏而遁。或曰:'此鬼在生因作禀未妥而窘死。'"

假如降箕的都是灵鬼灵神,这位星槎先生便是个例外。他的说话虽然反响旧时幕客的伎俩,但对自己未免有点借鸾献拙了。

第三章　扶箕的心灵学上的解释

（甲）箕仙与幽灵信仰的关系

扶箕的现象既如前章所述的许多花样，除去一部分是职业的行为以外，其余多半可以用心理学和心灵学的原理来解释它们。自然地，信箕示是因降箕的有前知的本领，而这本领是属于鬼灵或神灵的。信箕示与信死后生活有密切的关系。它与关亡始初没有多少区别，都是幽灵回到人间示人以当来的事情与命运。不过祖灵多半对他们的子孙显灵，而箕仙则不必与问者有什么血缘关系。后者的指示的方法有时也近乎占卜。幽灵的境界，在各种民族中有不同的叙述，大概离不开天堂、地狱、黄泉、九泉、九原、九京、幽都、酆都、墓圹、空中、海底、人间几种。天堂、地狱的境界，是由宗教教训所形成。这里头也还有许多分别，各宗教都不一致。佛教视天堂、地狱为六道中的两个极端的往生境界。死灵会升天堂或入地狱是因生前的善业或恶业，依机械的"法"的分遣自己生在天堂去享乐或入到地狱去受苦。这两个境界的灵魂，依理是不会到人间来或与人间有什么交通的。基督教视天堂与地狱是两个极端的赏罚处所。这意味与佛教的大不相同。善灵由神的恩惠与应许升到天堂去享永乐；恶灵也由神的谴责与义律堕落地狱去受永苦。在天堂或地狱的灵魂不像佛教所信的有一定的劫数，无论怎样发心，在地狱的众灵也没法超脱。因为超脱的因缘是在人间，生时一失机会，死后便万劫不复，纵然厌恶，也没机缘可以离开，纵然忏悔，也没行为可以表现，所以灵魂真如被禁在牢狱里一般。加以赏罚的时期是在神所预定的世界末日。末日未到，一切的亡灵都安睡在墓里，时候一到，天使的角声响了，万灵从墓里起来，再套上肉身去受审判。在个人肉体的死与世界末日来到之间，灵魂是不会有什么活动的。灵魂在这两个赏善罚恶的处所,依理也不会到人间来或与人间有什么交通的。在中国固有的信仰里没有天堂,也没有地狱,幽灵只住在黄泉、墓间,有时或附着在人身或人间的某种物体里头。《礼记·檀弓下》晋献文子说要"全要领以从先大夫于九京",注说"晋卿大夫之墓地在九原。'京'字盖'原'字之误",《韩诗外传》"晋赵武与叔向观于九原",是九京或九原,乃晋卿大夫的墓地,推到九泉,或者也是九原的误写了。鬼住在墓间,从这几处可以看出来。

许多民族都信灵魂的形状像鸟一样。古埃及以为像鸱枭的样子;古波斯人以灵体具有鹰翼,飞翔迅速;基督教徒信圣灵像鸽子;中国人信灵魂像一只公鸡。许多记回煞的故事都说煞神像公鸡一样地飞回来。人家屋顶挡煞的安置物有时也是一只公鸡;宫殿的鸱吻和四檐角的瓦鬼也有作鸡形或凤形的。"鸱吻"的"鸱"字与灵魂的形状有无关系,待考。至于公鸡形是最普遍的。俗人移柩,如须渡水越山时,必要放一只白公鸡在柩头,十足表现了这个信仰。甚至结婚,如新郎不在场,也可以用一只公鸡来做代表。神庙四围与社坛上头必得种土宜的树木,因为像鸟的灵体可以歇在上头。《礼记·檀弓下》"古之侵伐者不斩祀"上句"吴侵陈,斩祀杀厉。"注云:"祀,神位,有屋树者。"意思是凡祀神的地方都得有树,不独社是如此。《淮南子·说林训》说:"侮人之鬼者,过社而摇其枝。"正是表现像鸟的鬼神是住在社坛的树上的。"侮"字注作"病"字解,但作本字解,意义也差不多,目的是要摇动树枝,使住在上头的鬼神感觉不安而已。闽粤犹留古风,社坛必有树,凡无主的神主都可以送到社坛上去;招魂、叫惊,都在社坛上举行,也是信神灵鬼魂等都住在社里的表现。神主必得用木质,也是信祖灵的形状为鸟形且有栖树的习惯的表现。"祏"为石主的说法,我们至今没得到实物的证明,大概以它为藏主的石函是对的。幽灵住在塚墓里是后来的信仰,这从"古不墓祭"而特重安主的庙祭的成法可以看得出来。《孟子》里所说齐人的故事,未必是像近时清明或重九的祭墓,也许只是初葬时的祭。灵魂既附在神主里头,若还有一个鬼住在墓里,那就与祭祀的意义相违了。"无主孤魂"的"主"也许得当"神主"解。"鬼有所归,乃不为厉","归"也得解为"神主有人奉祀",像女子出嫁为"归"的意思。黄泉、幽都、酆都、有北、泰山等，也是鬼灵的住处。黄泉的光景如何，不得而知。幽都见于《楚辞·招魂》，李善注"幽都，地下后土所治也。地下幽冥，故曰幽都。"作者像说主幽都的是土伯。他有九只角、三只眼睛、身像牛，厚背和有像血的拇指，喜欢追逐人。酆都的说法比较后，也是道教的。范成大《吴船录》（下）说酆都的平都山乃前汉王方平、后汉阴长生得道之所，酆都阴君乃阴长生，俗讹为幽冥之主，因以酆都为鬼伯所居，殊谬。有北的名称见于《诗经·小雅·巷伯》。大概是从古人以北方是幽阴而冷静的，宜于死灵居住的意思推想出来的，所以正义说有北是"太阴之乡"。死灵享受子孙所奉的祭祀，经过相当的时间，若不是对于生民有过大功大德，就不会到天上去，也许就是到那冷静幽暗的有北去被忘却了。都邑的坟墓多在城北，北方许多城的北门永不开放，或将城门偏着开，甚至没有北门，也许都是有北信仰的表现。泰山是生灵的来处与死灵的去处，在汉朝已经有这样信仰。《后汉书》（卷一百十二下）《许曼传》记许曼"自云，少尝笃病，三年不愈，乃谒太山请命。"注云："太山，主人生死，故诣请命也。"又春秋时的霍国也有一座太山。《史记》

（卷四十三）《赵世家》记"晋献公伐霍，霍公求奔齐。晋大旱，卜之，曰：'霍太山为祟。'乃使赵夙召霍君于齐，复之，以奉霍太山之祀。晋复穰"。后来赵襄子到王泽，看见三个从带子以上可以看见，带子以下就看不见的人。他们给原过一根两节不通的竹子，说："为我以是遗赵毋恤。"襄子斋戒三天，亲自把竹剖开，里面有朱书，说："赵毋恤，余霍太山，山阳侯天使也。三月丙戌，余将使女反灭知氏。女亦立我百邑，余将赐女林胡之地。"霍太山，《集解》引徐广曰："在河东永安县。"霍太山今名霍山，在山西霍县东南，高七千二百尺，南接赵城，洪洞二县界，古时也称它为太岳。看来，"太山"不止一个，凡为一国之望的都可以这样称呼，并且被看为掌理一国人民的命运的神灵。

信山岳降灵为人，多半是伟人，也是中国很古的信仰。孔子是颜氏祷于尼山所生的。甫侯及申伯，在《诗经·大雅·崧高》里说是由崧高山降下的。灵魂的来处很容易被想为灵魂的归处，泰山怎样成为众灵唯一的归宿处，说起来也是另外一篇文字。大体说来，是因儒家在汉朝占了势力以后，事事尊周崇鲁，鲁国的太山便成为天下的太山，由此称为泰山府君。再由泰山府君升为东岳大帝。后来又加上泰山的女儿碧霞元君，于是泰山又随着道教的发展而成为中国唯一司生死大权的神。因为中国人信灵魂住在人间，所以生人可以随时与他们交通。扶箕便是人鬼交通的一个方法。明白这点，对于祖灵、缢鬼、冤魂等的降箕就可以了解了。

又，中国的神，除掉自然界的对象如日月山河等以外，多半是人鬼受封的。封神制度原于祖先崇拜。因为不能绝对不祭他人的鬼，故凡有过功德的鬼灵都得加上一个徽号，然后向他们敬拜祈祷。这类的神，虽"非其鬼"，却可以降祸或赐福，故祭他们不能谓之"谄"。最原始的公共祖灵变神的是社与稷（后来的土地神与谷神），由此便产生一种配享的祖神，从天地到山河都配上一二位功德可以匹配的祖先。流风所被，各城的城隍爷就由生前有善行的鬼灵来当，像人间的官吏一样有升降有任黜了。这任免城隍爷的特权不晓得在什么时代落在张天师手里。在清光绪末年，第六十二代天师张元旭到广州，大开捐城隍、捐土地等等官神的条例，神界的政治也一样地腐败起来了。某城的城隍是谁氏，某地的土地为何人，若调查起来，可以编成一部很厚的"诸神职位姓氏录"。在故事（六四）里，记上任的城隍降箕，而他是姓彭的鬼灵，故事（二五）里，松江府当时的城隍是退思主人；不过是其中之一二而已。

思想幼稚的民族对于"强死"或死于非命的男女都信他们会成厉鬼。缢鬼、溺鬼、难产死的妇人、战场阵亡的将士、被人诬陷或遭人毒手而死的男女，都是很可畏怖的。强死者的幽灵使人畏怖的程度也不一样，依《春秋左氏·昭公七年传》，伯有为厉，因为他生前"取精多，用物弘"，所以强死后的威力更大。修桥或兴大建筑的时候，如要修得坚固，就得用人来做牺牲，也是信强死者的幽灵有大威力护持那建筑物的原故。在中国内地，民智比较落后的城镇，每因兴大土木，修公路，或筑铁道，而发起掳人做祭的无意识的谣言与恐怖。军队出征之前，从前每每要杀人来祭大纛，也是以强死者的幽灵须吸敌方人马的血，因此可以指导本军的胜利战略。假如被虎所食的人的幽灵会变为"虎伥"，这强死者在军中就可以称为"军伥"了。历来保卫军队的神，如蚩尤、项羽、张巡、关羽，和现在的岳飞，都是为军事而死于非命的，因为军队中须要强死的武人来护卫将士。至于"忠义"云云，只是读书人的褒语文言罢了。由此我们可以了解张博望、班定远、马伏波、郭汾阳等人，不入"武圣"之列，其原因不在他们的品德功业，而在他们没有强死。强死者的幽灵既是有大威力，自然也有先见之明了。箕卜的降笔者当然也有他们的份子。

扶箕与幽灵信仰的关系是很显明的。神仙信仰，说真了，也是从信幽灵的继续生存发展出来。自从"白日飞升"不能得到事实的证明以后，成仙的意义也就被视为生前积业与修炼的结果而现"尸解""蜕化""脱凡胎"的现象。它与原始的信仰不同的地方只是称"鬼"为"仙"，名变而实未变。后来虽然分出神仙、天仙、地仙、鬼仙种种等级，归根还是幽灵住在天上或人间的思想。上头说过扶箕与信狐狸精也有关系。因为精怪也可以成仙，也可以得超人的智力，所以我们对于狐狸精切不可叫它们作"公狐狸精"或"母狐狸精"，非得称它们为"大仙"或"仙姑"不可。犹之近代的留学生一到外国得了一个博士学位，你如再称他作"先生"，那就算看他不起！信箕仙为"鬼狐假托"，笔记家每每论到。至于谁为狐，谁为鬼，谁是仙，谁是神，就很难分辨，不得不用一个"仙"字来统称他们。所谓蓬莱紫霞真人（故事一五）、紫府侍书（见邹弢《三借庐笔谈》）、洞云仙子（故事二七）、来鹤楼女仙（故事二九）、靓雪仙子（故事三十）、零阳子（故事六十）、蓬莱仙人（故事六六）、餐花道人（故事七一）、卧虎山人（故事九四）等，谁知道他们是鬼神还是精怪呢？因为降箕者每每是鬼或狐，于是一部分人不信正神可以随便降灵，底下引的故事，记奉关帝的不能到箕坛，正是这种态度的表示。

[一一〇]《续子不语》（卷四）："桐城姚太史孔铱云：曾于北直某观察署请乩仙判事。署中亲友齐集，惟观察年家子某静坐斋中不出。或邀之。曰：'乩仙不过文鬼耳。我事关圣者也，法不当至乩坛。'客曰：'关帝可请乎？'曰：'可。并可现相。'遂告知观察。观察亲祈之。年家子愀然曰：'诸公须斋戒三日，择洁净轩窗，设香供。诸君子另于别所设大缸十口。满贮清水，诸君跪缸外伺候。'年家子遍身着青衣，仰天恸哭，口谆谆若有所诉。忽见五色云中，帝君衮冕长须，手扶周将军自天而下，临轩南向坐。谓年家子曰：'汝勿急，仇将复矣。'某复叩头大哭。周将军手托帝君足飞去，只见瑞云缭绕而已。诸公为金甲光眩射，目不能

开，皆隔水缸伏地……"

为什么奉关圣的不当到箕坛，这年家子没有详解。关圣降箕的事并不少见。在《关帝经》里也没明文禁止。这年家子哭求关圣下降也是近乎邪法。若为眩示在场的众人而用自己的事来求他现形，关圣如能前知，当会以那年家子为大不敬罢。

降箕既属鬼灵的活动，邪神依信者的推理也可以被请下来。

[一一一]《咫闻录》（卷十）："雷州有北虎元帅及青卫娘娘，随时作祟，遍户受殃。其为害也，附病人而求食，借人口而发言。祭以食则病轻，不祭则病重……听病人言似男声，若家即往北虎庙祈祷；似女声，遂刻青卫像供奉于堂，朝祭暮享，肴必丰洁。且择味适口，总借病人之口以宣之……北虎能扶箕，青卫则不能也。人有病往庙。用砂盘扶乩，但闻瑟瑟有声，或横写，或直写，字皆大草，据其书而录之。批毕，读知何鬼为祟，何过成灾，必如何禳祷而退，无不立验。倘有不验，再请扶箕，必责牺牲不洁，斋戒不诚，重令设祭。如再有不洁不诚，为祟益甚……更可笑者，北虎出巡，必在青卫庙设床帐；而北虎庙中

亦如前陈，以畀青卫之像至。询其故，以为二神私相狎匿久矣！雷民遭北虎之患可求救于青卫，故供青卫于家，媚之使悦，二神之患可免……"

这样的神诚然下流。如牺牲不洁，斋戒不诚，尽可谴责病人重新做过，为什么要骗他？关帝庙到处都有，在雷州的竟然容得北虎青卫作祟，又足以证明他不伏魔了。

信箕的人们也以为箕仙多半是鬼狐假托，有时也与人间有缘，再来转世。最荒唐的是《子不语》（卷十）所记长沙尤琛过湘溪时，看见紫姑神像就动了爱欲。紫姑竟然感应，再入凡间，到十五岁，嫁给尤琛，那时尤已经四十左右了。紫姑再世嫁给凡人，真是奇闻。可见人神糅杂的情形还与远古差不多。

但"紫姑"不都是这样多情的，人若对她发了单思病，那就很危险了。

[一一二]《七修类稿》（卷四十九）："金陵士人顾某数召箕求诗。一日，得诗云：'天冷山城二鼓敲，雪迷洞口路迢迢。云窗童子烧松火，待我鸾舆下碧霄。'请书名，则又写二诗云：'古来花貌说仙娥，自是仙娥薄命多。一曲霓裳未终舞，金钿早委马嵬坡。'

又云：'昔日长安一太真，君王一见笑倾城。洗儿故事今何在？只问蓬莱玉色人。'后累召累诗，言貌言情，其辞不一，遂为所惑，意欲一睹真形，以畅生平之所慕。淫欲炽矣，忽薄暮有妇人自空而下。然亦畏死而失声惊走，家人共守过夜。明日方念，则妇人又至。恐怖怀忧，无时宁息，将至丧心者焉。后得一二友人挽之远游，久而方绝。"

"又杭人召箕久远得其所资，语之曰：'可与仙翁一见乎？拒曰：幽明相隔，不可也。'过日又恳：'其久好，宁无一会耶？'仙曰：'明日侵晨当于后园梅树下会也。'至期，则见其缢死髼尸悬树，一怖，病几死……"

箕仙现形本无不可，这也许是遇见恶作剧的鬼，或由请求者的心术不端因而得到薄谴罢。

但是幽鬼有时也会爱上生人，如下所举的例也很常有。

[一一三]《夷坚志》乙集（卷十七，十万卷楼本）："紫姑神类多假托，或能害人，予所闻见者屡矣。今纪近事一节，以为后生戒。天台士人仇铎者，本待制寓之族派也，浮游江淮，壮年未娶。乾道元年（公元1165年）秋，数数延紫姑求诗词，讽玩不去口，遂为

所惑，晨夕缴绕之不舍，必欲见真形为夫妇，又将托于梦想。铎虽已迷，然尚畏死，犹自力拒之。鬼相随愈密，至把其手作字，不烦运箕也。同行者知之，惧其不免，因出游泰州市，径与入城隍神祠，焚香代诉。始入庙，铎两齿相击，已有恐栗之状。即索纸为妇人对事，具述本末，辞殊亵冗，今删取大略云……（下略）"

这女鬼的供状，大意说她是东京人，嫁给纪三六郎，姓张氏，癸巳三年（公元1113年）死，年三十三岁。死后六个月，遇吕洞宾先生，得导养之术。到乾道元年（公元1165年）遇见仇铎在延洪寺请蓬莱大仙，因爱他年少，遂降箕，旬日之间，来往越密，就写媟语诱惑他，甚至要他自杀。好在仇铎的朋友们替他告到城隍神案前，才得脱离。三六娘自称死时在政和三年，到乾道元年，才爱上仇铎，阴阳寿合算起来，她已经八十五岁了。假如鬼仙还有爱欲，扶箕的人就应当谨慎一点，不然就会像这位仇先生一样了。

（乙）幽灵与知识

狐鬼到底有没有客观的存在我们没法证明。如常人所谓"见鬼"或"空屋出声""白饭变粪"之类，有许多可以用科学证明出来,与说明电灯何以会发光,无线电播音器何以会放音等一样。我们今日可以用电波驾驶飞机,指挥鱼雷,在知识简陋的民众心目中也会误认为天兵鬼将的行为。宇宙间一切的运动都可以归纳到物理的与化学的两类。物理的与化学的运动,因为人类常识与科学知识的程度不同,对于它们的理解也就不同了。常识不足或科学知识缺乏的人每以自己所不了解的事物为神秘,又不甘心说自己不知道,因而附会上神怪的说明。深夜里,睡在床上的人忽然听见木质楼梯上像有人上下的足音,屋里的藤椅也像有人坐在上头一般,作"哗啪"的声响。他开了灯起来巡视,却一无所见,再去躺在床上。不久声音又来了。他再起来,还是一无所见,心里不由得害怕起来,想着:这莫不是鬼来了!他一夜不敢睡,第二天早起,因为一夜间被"鬼"骚扰,在床上又做了些断断续续的梦,便联想到那屋原来死过一个女人,或有人曾在那里自杀!越想越真,越想越可怕,于是鬼的活动的消息就由他传播开了。其实这是很简单的物理的原因。楼梯与藤椅经过一天的压力,到晚间渐渐因着弹力复原而发出声音。这种声音随时都会发出,不过在晚间或静寂的时候，听得格外明白而已。在南方海边，孩子每检得一种海螺的厣，放在醋里，那螺厣就会自己慢慢地移动，因此名为"醋龟"。这样的移动其实是很简单的化学的原因。醋酸溶解螺厣的石灰质时发出小气体，小气泡在底下不断地拱，人看不见气泡，只看见螺厣动移，因而说它有生命了。九龙有一间神庙供着齐天大圣，庙祝宣传他所供的神是最灵不过，因为神来时，那安置在香案上的大玻璃"扑铃儿"（粤称为Bingbom）就会响一声，神去的时候也是如此。初祷的人应在神来时扑铃儿响了一声之后求愿，那就灵应了。假如我们检查那扑铃儿安置的地方，就发见它的吹柄是插在半贮清水的瓶子里。当祈祷者点烛烧纸的时候，附近的空气因热而涨，压力加在扑铃儿的底，便发出声音来，歇了一会，空气冷却了，水的压力又把它顶回去。这样轮回不断的音响，稍懂得物理的都知道，但一般愚夫愚妇却以为是齐天大圣的灵应表征。

再者，有许多鬼话是骗术、戏法，或顽童的恶作剧。前八九年，北平南长街南口附近，有一个月每到路灯初明的时候，空中就抛砖落石，行人每抱头逃避，都以为是狐仙作怪。一连几晚上，消息传开了，闲人们都围了一个大圈等着看热闹。果然砖石如雨抛下,看见的人们都证明是狐仙,因为其中有人说他曾在别处见过同样的情形。好几晚上都围着一大圈人看狐仙活动,警察也无可如何。那路口是没人敢走过,车过砸车,人过掷人。有些不信这回事的便留意观察砖石的来路,发见了都是从东边中山公园墙下的土堆后头扔出来的。白天到土堆后去看,见有许多捡定的砖石放在那里。到晚上,他们发见几个孩子在土堆底一边伏着。他们一嚷,孩子们都跑了,那一晚狐仙也不活动了。

鬼灵的存在多半是由于推理的错误或观察的不周密。因为致信的基础不正确,鬼灵与人间种种的关系也就存在可解不可解之间。箕示所以有时会像谶语的原故也可以这样解释。所谓"预告"实在是"谣言"。"谣"实是造谣者对于某事于观察未周、认识未清的时候由心情的激荡所起的判断,或所认定的事实。所以童谣、民谣,都是谣言,不过其中有些是有利的,有些是有害的而已。过时的谣言,如果还有影响人心的势力,便成为谶语。所以谶语都是由事后回观而得了解的。因为它的本质是谣言,回观者不能抓住造谣者的实指，便举事来证明它。这样便成为以成事附会谣谶，不是以谣谶解释当来事态了。推背图、烧饼歌一类的预言书，其中文句无论选择哪一个时期的史实来解释都可以解得通的。天灾人患，兵刀水火，朝代兴亡，既不实指年代地域，而人间又未达到永安的生活，这种经验随时随地都可以有，所以怎样解释都可以。还有一类因事造谣的，造谣者因某事实偶与某种观念适合便加以强解。国民政府移都南京之后，北平的术数家忽然做出北京做国都的数运已经完尽的谣言。说北京只有三朝定都的气运，由内城前三门的名称可以知道。正阳门表示元朝末的至正；崇文门表示明末的崇祯；宣武门表示清末的宣统。这虽然可以说说，但是为什么到公元1931年还没有人说出来？而且民国还在那里建过十七年的国都，也不能不算数。可知事情的偶合也会产生谣言的。箕示每每也有因事情的偶合而生强解的，如故事（六四），全军覆没固然是败，兵士少有损折不得补偿也可以算数；败则领兵的曾氏不能不受处分，倒不必要阵亡才算有大关系。饱学的曾国藩也会因此而起信，比他不如的就更容易被术家所惑了。在上章所引的故事中，曲解箕示的地方很多，大体也可以用谣谶来解释它们。下头再引一段故事来证明这话。

[一一四]《阅微草堂笔记》(卷二十四)《滦阳续录》(六):"乾隆庚寅(公元1770年),有翰林偶遇乩仙,因问宦途。乩判一诗曰:'春风一笑手扶筇,桃李花开泼眼浓。好是寻香双蛱蝶,粉墙才过巧相逢。'不省为何语。俄御试翰林,以编修改知县。众谓次句隐用'河阳一县花'事,可云有验,然其余究不能明。比同年往慰,司阍者扶杖蹩躄出。盖朝官仆隶,视外吏如天上人,司阍者得主人外转信,方立阶上,喜而跃曰:'吾今日登仙矣!'不虞失足,遂损其胫,故杖而行也。数日后,微闻一日遣二仆,而罪状不明。旋有泄其事者,曰:'二仆皆谋为司阍,而无如先已有跛者,乃各饰其妇,因俟主人燕息,诱而蛊之。至夕,一妇私具饼饵,一妇私煎茶,皆暗中摸索至书斋廊下,猝然相触,所赍俱倾,愧不自容,转怒而相诟。主人不欲深究,故善遣去。'于是诗首句,三四句并验。此乩可谓灵鬼矣?然何以能前知?"

这是事后的曲解。此翰林公问的是自己的宦途,与家里琐事有什么关系?"春风一笑手扶筇"如何安在跛子身上,难道他也做县官去吗?花、粉蝶、春风等，都是极普通的字眼，安在什么事上都成，犹之庙里的签诗，随你怎样解都解得通的。

物体的运动属于物理的与化学的现象，而理解运动的却是心理与心灵作用。知识程度不同，理解的趋向也随着有差别。知识高的对于一切事态要等到理解以后才信，反之，无知识的人，不管理解透澈与否，或一知半解，甚至不知不解，便不加思辨，深信不疑。所以越无知识的人，所信的越神奇，越不合论理。每听人说有一种"阴眼人"可以"白日见鬼"，而普通人有时也可以夜里见鬼。上头所说楼梯上的足音与藤椅上的声响是未见其鬼而闻其声，而且那声音是从客体的物件发出的。见鬼是主体的心理作用与生理作用。有眼病的人固然会见到种种形象，即如眼健的，有时也会因幻觉、错觉而见到。常人每在幽暗的地方或夜里见鬼，除掉幻觉、错觉以外，一部分可以用后象作用来解释。在瓜棚底下，灯光如豆，疲乏的农人于日间工作之后坐在那里闲谈。其中一人忽然看见鬼影从远而来，或向他方逝去。这是见鬼的故事的一个典型。稍微懂得心理学或生理学的便知视觉有后象作用。后象所现的色彩与实物为相反的比色。如实物是黑的，后象便是白的，实物是红的，后象便现绿的，实物是黄的，后象便现蓝的，实物是白，后象便现黑的，余类推。在瓜棚下自以为见鬼的人或因看着对谈的人看得太久了，后象作用强起来，忽然望外一瞥，他眼里的后象便落在所望的地方，随着他眼睛的移动，就像有人影在移动着。他心里本有一种鬼的观念，一看见这样，当然就断定是见了鬼。在黑夜里见鬼总是披白衣的，因为别的颜色的后象不大看得见，夜间所有的色也是灰黑的，所以后象只能有不同程度的灰白色。病危的人也容易见鬼，大半也是由于错觉、幻觉，或围在他面前的亲眷所给他的后象作用。听见鬼哭或鬼叫的故事也很多，大半也是常人可理会到的。凡外界的音响都是物理作用，却要耳里的听神经能够接受才被听见。在静夜里，躺在床上，常听见像虫的唧唧嘶嘶声，这不过是普通的"耳鸣"现象，实在是耳里的声音，与外界音响无关。凡感觉器官受刺激都发生那感官所司的感觉，眼受刺激只能发生光感觉，所以被打在眼睛周围的人必会看见满头"金星"。血液流过鼓膜的微血管，鼓膜受了刺激便发生音响的感觉。"耳鸣"也是血液通过鼓膜时所生的感觉，本没什么稀奇，人却把它当作吉凶的征验。病人或信鬼的人不明白这理由，于是主观地断定他是听见鬼哭或鬼叫了。

总而言之，一切的现象都有它们的物理的与心理的原因，和客观的与主观的条件。浅知的人不明白彼此的关系便会疑神疑鬼，因而起了迷信。降箕的多是鬼灵的见解，也是缺乏科学知识所致。

（丙）箕动与感应

箕的运动既然不是鬼神所主使，那么，是扶箕者的自动呢，还是另有一个他动的根源呢？剑仙能使剑飞到千里外去杀人以后，还回到自己手里，只是传说，一向没人见到。"空中美人""椅桌悬空"一类的现象也只在把戏场上能够见到。纵然真有其事，也必有一个还待解释的理由存在。箕的动移必借人手，这里头已有了生理的与物理的原因，就可以解释。我们可以简明地说箕的动移是由于思想力或观念力集中于扶箕者，使他受了暗示于不知不觉中，两手服从那暗示的指挥。至于移动箕笔一层，自己的观念力集中也可以使自己自动地写。最简单的实验是试把食指按在桌上，再将一枝铅笔或一把木尺均衡地放在上头，观念集中于所安置的笔或尺上。经过相当时间，那东西就会两头上下摆动，像小学生玩的秋千板一样。假如执一管笔，它也可以自动写字，作画。（见故事九五）

吾人对于事物一兴起观念便随着发生感情。感情浓时，在身中便起了有机的变化，因而起了意志的冲动，意志强时，必表现为动作。扶箕的进行也是依着这样程序表现出来，平常的观念不能影响行为的原故是在那观念太弱，因而常被较强的观念取了它的地位。观念强的每可以影响他人的思想与行为。我们看见某人的"面色不对"或"神气不好"，便知道他对于某人某事的高兴与否，因而影响了自己对于某人某事的态度。见他人的"面色"，便知道去"奉承"或"反抗"，是很简单的暗示作用影响到行为的事例。假如在许多人中间有一个有很强的观念，这人在表情上、思想上、言语上等，便有能力可以借他人的感官来传播。伟大的革命运动起于一二人的强度观念。教师在课堂里，可以用瞬眼来使全体学生理会他的意思而照着去做。这不过是群众受暗示的最简单的现象。强观念当然更可以影响自己的行为。醉酒的人敢说平时不敢说的话，敢做平时不敢做的事，是因为他平时压制了那较强的观念，到醉时不能再压下去，只得由它自由表现了。狂人的观念力也可使他不顾一切地去表现。1916年，作者在漳州省立第二师范学校任职时，有一天一个狂人跑上校内的八卦楼，指着校舍说那些都是他的产业，学生们都是他的儿子。校役要上去把他揪下来。他可爬到檐角，纵身一跳。这可把人吓愣了。可是不到一分钟，他从容地从地上站起来，歌唱着走了。那檐角离地约有二丈，在常人纵然是不摔死也会摔伤的。这是因为他的观念集中在"跳下"，而没有想到"跳下去会死"。僮魖与巫师的吞刀踏火，不受损伤；和在故事（八一）里所记的"召鬼演戏"，一个小童能够"持巨木而舞，不知其重"，也是这个道理。观念力甚至可以使受暗示的人死。澳洲有个原始民族，凡酋长吃过的东西都附着了他的"威"（Mana）在里头，所以酋长吃剩下的东西别人是不能吃的，若果吃了，灾祸就临到他身上。有个少女一天在路边捡起一颗吃剩的果子，她不由得吃了。一到村里，有人告诉她那是酋长方才吃剩的。她一听见，一夜不舒服，第二天就死了。这是女孩从那民族对于酋长的观念力而得的暗示杀死自己。在土俗学里，这类的事例很多，学者称它为"心灵能力"（Psychic Power）。我们对于心灵能力的研究还没有达到精透的地步。这种能力能够不依物理化学的原则来移动物体与否还待研证。

　　箕动是心灵能力活动的现象。心灵能力可使人类的感觉器官与运动筋肉所不能感到与不能做到的感得到与做得到。像上头所述的澳洲少女吃一颗残余的果子本没有致死的可能，只因知道那是酋长吃过的，由于心灵能力的活动使她无病而终。心灵能力可以分为灵感与灵动两个现象。灵感是心理的，灵动是物理的。所谓"灵"是神秘的运动，不能以常理来解释的意思。有灵感力的人如佛教所主张的"六神通"，能知常人所不能知或不易知，觉常人所不觉与难觉的事物。心灵学上所谓"远递心情"（Telepathy）、"远递视象"（Television，又译作千里眼）等，都属于灵感。灵动力如使物体自己动移，宗教家在神迹故事里每每讲到，如腾云驾雾，遁地履水，种种违反科学原理的动移都属于这类。假如悬箕笔在沙盘上，不用人手去扶，而能自动地写出字来，也可以算是灵动。但在事实上绝少见到。类似箕笔自动的只有故事（九）一段。说沈生置纸卷于室中，自己同客人在外面等候，一会就听见放笔声，可是没人看见笔自己动。所以放在疏帘里可以被看见的那些纸卷是否就是那些写完还可以听得见放笔声的纸卷，是个很大的疑问。排列在案上可以隔帘被看见的纸卷尽可以不动，所问的事已有人在后面用别的纸答好送出替换了。《七修类稿》（卷四十五）说："浙省平湖县乡中亦有一仙，祷事有验，乡人遂为立祠，亦能作诗写字，欲求其作者，不拘多少，置卷于庙，过日则墨遍还之也。自称为洞宾，号天民。人欲其显圣，则空中鹤鸣，音乐自远而至……"这是否笔自己动也没人看见。所以灵动现象我们现在还不能谈，将来对它的知识充足一点，也许就不见得神秘了。

扶箕是观念力与灵感活动的现象，有感当然有应，感应的表现就是箕示。这观念力与灵感多半是从在坛场参与扶箕请仙的人发出的。一二人扶着箕，十几二十人的观念力或思想力集中在扶箕者的身上，使他们不自觉地在沙盘上写字。说起来，所写出的离不开在场诸人的观念意志，与知识程度。如扶箕者必得会写字，不会写也得曾见过人写才成，否则虽受灵感也写不出来。作画也是如此。没有绘画经验或未见过他人绘画的也绝不会作画，这是画坛比书坛少的原因，这现象，凡赴过箕坛的明白人都感觉得到。

[一一五]《阅微草堂笔记》（卷四）《滦阳消夏录》（四）："大抵幻术多手法捷巧，惟扶乩一事则确有所凭附，然皆灵鬼之能文者耳。所称某神某仙，固属假托，即自称某代某人者，叩以本集中诗文，每多云年远忘记，不能答也。其托乩之人遇能书者书工，遇能诗者即诗工，遇全不能诗者则虽成篇而迟钝。余稍能诗而不能书，从兄坦居能书而不能诗。余扶乩则诗敏捷，而书潦草。坦居扶乩则书清整，而诗浅率。余与坦居实皆未容心，盖亦借人之精神始能运动，所谓鬼不自灵，待人而灵也。蓍龟本枯草朽甲，而能知吉凶，亦待人而灵耳……"

纪公此论，可谓有卓见，但他仍信有鬼，未把"待人而灵"的意思尽量发挥出来。纪公是主张感应说的。在《槐西杂志》（二）他记："《酉阳杂俎》载骰子咒曰：'伊帝弥帝！弥揭罗帝！'诵至十万遍，则六子皆随呼而转。试之或验或不验。余谓此犹诵驴子治病耳。大抵精神所聚，气机所之。气机所感，鬼神通之。所谓至诚则金石为开也……"

感应现象也有它的生理原因。观念传达到他人身上最粗显的是借语言、文字、符号、表情等；更微妙的可以电波、光波、音波、以太波为介。灵感的理论是说意识激起观念时，吾人的脑细胞随起物质的崩坏，因而起以太波作用而传播于周围。这时的以太波可以离语言、文字、动作等，直接透入他人的头盖骨，将发动者的观念传达到他的脑中枢神经里。这灵感是不须等待神经末梢的传达的感觉。所以发动者的知识高，感受者也随着高，反之，也随着低了。故事（一一四）的话，就是这个理。此地再举几条出来证明。

[一一六]《履园丛话》（卷十五）："秦对岩宫谕家有乩仙，适吴令君伯成至，知其召仙，必欲观之。宫谕延之入。时所请者云是李太白。令君曰：'请赐一诗。'乩判曰：'吴兴祚何不拜？'令君曰：'诗工固当拜。'又判曰：'题来。'时有一猫蹲于旁，吴指之：'即咏此。'又判曰：'韵来。'吴因限"九""韭""酒"三韵以难之。乩即书曰：'猫形似虎十八九。吃尽鱼虾不吃韭。只因捕鼠太猖狂，翻倒床头一壶酒。'吴乃拜服。"

这诗像打油，不像李白做的。大概在场的俗人太多，而吴又不信，或吴自己不懂诗，所以虽来了李太白也写不出好诗来。箕示多用诗体，也是由于读诗咏歌的比论道作文的较多，又因不能个个都是好诗人，所以沙盘上所现的也就平淡无奇了。

[一一七]《明斋小识》（卷八）："扶乩请仙相沿已久，皆荒诞不足征。近有紫堤侯氏设坛于家，好事者趋之若鹜。所为仙，杂出不伦，如萧鄞侯、陶彭泽、陈图南、苏东坡、唐六如、杨椒山、薛敬轩、陆稼书等，俱称祖师。降坛诗必七言绝，字必中书体，千篇一律。叩以事，习作游移影响之谈，实无印证。而奉事诸人，皆穴阫之见，回惑不能释。

"又安亭亦结坛社，附会与紫堤等。有娄邑弟子腹诽其师，劝而弗听。一日，适缺扶箕者，弟子请承乏任，箕勿动，因自以其意运箕，众悉膜拜。乃罗列先生罪而诋斥之。先生汗流浃背，舌挢然不能下，谓意未诚荩，致干仙怒。后弟子自与人言如此。我谓斯举颇快。"

[一一八]《阅微草堂笔记》（卷十）《如是我闻》（四）："乾隆庚辰（公元1760年）戈芥舟前辈扶乩。其仙自称张紫鸾……芥舟与论诗，即欣然酬答，以所游名胜《破石崖》《天姥峰》《庐山联句》三篇而去。芥舟时修献县志，因附录志末，其《破石崖》一篇，

前为五言律诗八韵，对偶声韵俱谐，第九韵以下，忽作鲍参军《行路难》、李太白《蜀道难》体。唐三百年诗人无此体裁，殊不入格。其以东冬庚青四韵通押，仿昌黎《此日足可惜》诗，以穿鼻声七韵为一部例，又似稍读古书者。盖略涉文翰之鬼，伪托唐人也。"

［一一九］同上书（卷九）《如是我闻》（三）："吴云岩家扶乩，其仙自云邱长春。一客问曰：'《西游记》果仙师所作，以演金丹奥旨乎？'批曰：'然。'又问：'仙师书作于元初，其中祭赛国之金衣卫，朱紫国之司礼监，灭法国之东城兵马司，唐太宗之大学士、翰林院、中书科，皆同明制，何也？'乩忽不动。再问之，不复答。知已词穷而遁矣……"

这是错把明人《西游记》小说当做邱处机的游记，那自称作者的箕仙也不知他的著作与小说的内容完全不同。也许是在场的人没有见识，不知道邱著是在《道藏》里。外间所见的只是《西游记》小说，怪不得邱神仙要词穷而遁了。

［一二〇］《子不语》（卷二十一）："乾隆丙午（公元1786年）严道甫客中州，有仙降乩巩县刘氏，自称雁门田颖，诗文字画皆可观，并能代请古时名人如韩、

柳、欧、苏来降。刘氏云：'有坛设其家，已数载矣。中州仕宦者咸敬信之。'颖本唐开宝间人，曾撰《张希古墓志》。石在西安碑林，毕中丞近移置吴中灵岩山馆。一日，降乩节署，甫至，即以此语谢其护持之功。此乃无知者，因共称其神奇。时严道甫在座，因云：'记《墓志》中云：左卫马邑郡尚德府折冲都尉张君，考唐府兵皆隶诸卫，左右卫领六十府，志云尚德府为左卫所领，固也。但《唐书·地理志》马邑郡所属无尚德府，未知《墓志》何据？'仙停乩半响，云：'当日下笔时，仅据行状开载。至《唐·地理志》为欧九所修，当俟晤时问明，再奉复耳。'然自是节署相请，乩不复降。即他所相请，有道甫在，乩亦不复降。"

这是箕仙的知识与在座者的知识有密切关系的明证。毕秋帆私自把碑林的唐刻公物移到他自己的江苏老家，在座虽没人知，中丞当自知。因为降乩的是田颖，在座的严道甫又曾读过他的《张希古墓志》，所有的观念力集合起来，箕便知道"谢其护持之功"。但当时没人明白尚德府属马邑郡，田颖是当时人，断无不知之理，而反要等见着欧九才知道。欧九即欧阳修，是宋人，假若他也被请降箕，也会推说不知的。

假如当时在座有明白的，那箕仙也不致于露出这样长大的马脚来。

［一二一］《壶天录》（下）："孝女王素筠，字竹青，泗州人也，素以孝名。貌甚寝，精《十七帖》，通经解，能诗词，早丧椿萱，终鲜兄弟，终身不字，廪于亲墓，授女徒以自食。时宣子瘦梅侨寓秦邮，竹青与有姻娅，偶至邮，宣馆焉。竹青固自暗晦，邮之人无识者。一日，闻城东五仙坛开乩，往叩休咎，时李真人降坛，群欲启事，竹青适至，即前顶礼，默祷数语。乩忽判诗二绝……群愕然，始知为孝女也。未几，竹青遂与崔广会夫人、吕筱君、吴玉卿结为诗社，故有如意庵四闺秀唱和之集，洵一时之盛事云。"

这也是在场的中间有人知道或认得王竹青，或是她自祷告的时候，强度的观念力暗示扶箕者，因而起了感应的现象。

［一二二］《都公谭纂》（卷下）："鬼仙降笔，时有之。近在邹氏所见颇奇。主人请撰春联，时命改易，不厌。既退，余语客曰：'此灵鬼尔，然亦可谓罢软无为。'明旦，仙至，遂书云：'今日一字不易。'余笑曰：'当因吾言耶？'月余，在江阴某氏，忽降笔云：

'为我谢都少卿,如何考吾罢软无为?'余为拊掌。盖醉中一言,鬼亦闻之……"(《丛书集成》二八九九,页四九)

这不是鬼,是都公自己意识的冲动。箕仙屡屡听命改字,也是主人的意志使箕受感所致。看底下所引的几段故事,便知箕仙不但罢软无为,并且会倩人捉刀,自己藏拙,甚至胡诌。

[一二三]《续子不语》(卷四):"赵云松在京师,烦乡人王殿邦孝廉请仙。殿邦本有素所奉仙,不须画符,焚香默祝即至,下笔如飞,俱有文义。或云松与之倡和,意中方想得某字,而乩上已书,每字皆比云松早半刻。及云松在滇南果毅公阿将军幕下,阿公之子丰昇赫亦能请仙。一夕,邀云松同观,而乩大动,不能成字。云松知其非通品也,乃戏为之传递,意中想一事,依约至喉间,则乩上即书此字;意中故停不构思,则乩上不能成字矣。"

这足以说明箕动与在场的人的意识有密切关系。那位满洲大少爷的文章未必通顺,他请的箕仙也就不能在箕盘上写什么。大少爷不通,而在通人身边,在心理方面也会发生忸怩的心情。反之,这位赵云松是个通人，所以能够左右箕的活动了。大概在场的只有几个人，所以观念力的活动更为明显。

[一二四]《志异续编》（卷四）："有乩仙善作画，一人持纸求画钟馗。仙即以笔饱墨，向上半圈作头，复大圈作腹，笔势甚展，已过纸之半矣。众私议曰：'且看下半身如何安放。'仙停笔不画，在纸旁批曰：'钟馗有七十二相，此云端现身法也。'"

这位画仙真善于藏拙！七十二相中的云端现身法，不知出于何典，大概也是"仙话"罢。尝见明人画钟馗手卷，相貌多至百余，却没见到所谓"云端现身"。自然，依中国画法，不落墨的空间可以当作云，但也得在全幅构图上有个章法，不然，全都不画，只在纸旁批说，"此云里藏身法也"，岂不更省事？从众人的私议来判断，可知道画仙的章法不成。

[一二五]清张尔岐《蒿庵闲话》（卷一）："天启中（公元1621至1627年）济南盛传《吕仙自叙传》，云是殷文庄、葛端肃得之乩笔者。传云：吕仙本唐宗室，避武氏之祸，挟妻而遁，因易吕姓。以山居，名岩，字洞宾。妻又死，号纯阳子。考之范致明《岳阳风土记》云：吕先生河中府人，唐礼部尚书渭之孙，

海州刺史让之子。会昌中,两举进士不第,去游庐山,遇异人授剑术,得长生不死之诀,似有可据。然何大相异也?近又有《瑶华帝君传》,云韩湘乩笔,自叙乃直隶人。所传以退之为叔父,亦良怪异矣。"

吕仙事参看故事(七四)。箕仙自传往往没有根据,如果在场扶箕的没有真正读书明理人,"心血"一"来潮",便很容易制造讹史或谣言。

箕词都是依在场者的潜在观念写出来的。在场的如没有科学家,绝不会扶出什么科学理论,犹之没学过化学的人,一进到实验室里,就会茫无头绪地对着各种各色的原料瓶子胡猜一气。我们可以给一个断论说:在场的人们所不知的事物,箕仙也不知道。所以我们不能借着扶箕而有所发明或发见。箕仙永不会是发明家或发见家。关于文学与哲理,也是前人曾经道破的陈言腐语,绝不会有什么高超的原理或新颖的理论从箕盘上写出来。十多年前,大连某会聚众扶箕,把耶稣请下来!耶稣说的是英语,写出来的英文没人能懂,于是济颠和尚降坛来当翻译。耶稣所说的原来只是《福音书》里的"登山宝训"。自然,耶稣教堂的宣传册子是随处可以得着的,但事后一查,当时在场的确有几个基督徒。耶稣说英语也是奇闻,可是一般基督徒中,谁曾听过耶稣说过古犹太话呢?还不是多听见说英语的传教士所说的耶稣教训么?这也可以证明凡箕词都是受在场者的知识与意识所支配所左右,如故事〔一五〕所谓"语脉暗合其旨"的情形。假如没人知道我的十八代祖宗姓甚名谁,箕仙纵然指示出来,也未必靠得住。扶箕者只能受暗示,不能真有所指示。箕仙只能知己知,不能知未曾知或不可知的事物。问试题或问命运偶然会准,除去事后附会与曲解以外,也是由于在场者有如此的潜在意识所致,并不足为奇。

每见箕词与降笔的箕仙有思想上与时代上的错误。在故事〔八五〕里,苏小小的解辩虽然勉强可以说得过去,但于生时有才有智如李白的,成仙后降箕却写出打油诗来,是何道理?假如愚人死后会变灵仙,而智者死后反成了蠢鬼,那就是因果相反了。所有箕词都是受时代影响的。如故事(一五),汉朝的陈平在学生时代就会写出"识破鸢飞鱼跃事,自知万物不离诚"的诗句了。箕仙的降临也有地域性存在。不知道叶小鸾和苏小小的地方,那两人也绝不会去那里降坛；除却漳州及其附近以外，依作者所知，蝶山仙师也没出现过。某时代推崇某人，那某人必常降箕。现在降箕的都是岳武穆、刘翩、吕洞宾诸人，因为有人或有团体表扬他们。表现神奇的迹象用书画，因为近时自负懂得艺术的人多。一幅不中不西的画可以卖出千百元，试问一首诗能值半个制钱不？箕仙投机，所以各地的书画坛林立；他们少写诗词歌赋，因为懂得这些文章的人太少了。或者又因名人如李白、杜甫之流，降箕时露的马脚太大，索性就不来了。

（丁）扶箕者的捣鬼

真的箕示不过是心灵作用，与鬼神降现本无关系，至于借箕眩惑人的就更谈不上什么灵感了。扶箕者不定个个是心诚意洁，也有弄权术的分子（如故事一一七第二段）在内。试举一个利用迷信箕示的故事在底下。

［一二六］《庸闲斋笔记》（卷十一）："扶鸾本干例禁，然亦可佐政治所不及。所谓神道设教也。青浦新泾镇有刘猛将军庙，每当报赛出会之时，四乡土地神皆舁其像来会。乡民聚至数万，喧哗杂沓，不可禁止。

庙左近有一桥,将坍损,尚未修葺。余恐赛会时人众,桥坏,或有溺毙者,因檄镇之巡检禁会不作。而乡民汹汹不听,势且滋事。巡检不能遏,飞禀来报。余方拟亲往晓谕,旋又报事已安贴矣。询其故,则有董事陆某扶乩,假猛将军语止之而定……"

这事只影响一镇,好坏固不足道。所谓神道设教常被误解为鼓励迷信,所以借箕示欺人也可以说是神道设教了。箕仙影响到国家大事,除掉叶名琛的事件以外,最显著的是明世宗时代。《海上纪闻》说:(此与《明外史》同为《图书集成·神异典》第三百十卷所引)"熊端肃任左都御史,转吏部尚书。时世宗信任箕仙,敕建承天阁以崇奉之。公上言箕仙不足崇信,宜黜之。上大怒,命锦衣卫官校押发原籍为民……"世宗迷信扶箕,当然就有投机家假借箕示取得权势。《明外史·陶仲文传》说蓝道行以扶鸾术见世宗。皇帝有所垂问,辄密封遣中官送到坛上焚烧,但所答都不如旨。皇帝谴责中官,说他们亵渎了神明。中官们于是教道行先拆开密封看看,然后烧掉,于是所答的都称旨意。皇帝大喜,问:"现在天下为什么不治?"道行假借箕仙回答他说:"是好人用不到底,不肖的不退所致。"皇帝又问:"谁是好人,谁是不肖的呢?"回答说:"好人如徐阶、杨博;不肖的就是严嵩。"皇帝又问:"果是如此,上仙为什么不治死他?"回答说:"要等皇帝自己治他。"皇帝心动,刚巧御史邹应龙上疏弹劾严嵩,皇帝便治严嵩的罪。后来这事被严嵩知道了是道行捣的鬼,于是多多贿赂皇帝的亲近人,告发道行怙宠招权种种不法事情。道行因此也被杀了。又有一个胡大顺是陶仲文的同县人,因着仲文的引荐供事于灵济宫。仲文死后,大顺因为奸欺罪,诏斥回籍。他于是伪撰万寿金书一帙,诡说是吕祖作的。又说吕祖授予他"三元大丹",用黑铅取白,名"先天水银",锻成"青霞玉粉神丹",服了可以却疾延年。大顺教他的儿子元玉随着妖人何廷玉带进京,借着左演法蓝田玉,左正一罗万象,勾通内官赵楹献给皇帝。蓝田玉是铁柱宫的道士。严嵩罢官,回到南昌,正值皇帝圣诞,田玉为皇帝建醮。这时御史姜儆来访秘法,严嵩就将田玉的符箓呈给他;田玉也将自己的"召鹤术"托儆附奏。皇帝于是召田玉为演法,与罗万象共以扶鸾术供奉西大内,因此与赵楹巴结上了。这三个人既为皇帝所喜欢,那妖人何廷玉就贿赂他们,教他们在皇帝面前吹嘘一下。皇帝看见"金书",就问:"既然扶箕得来的画,为什么扶箕的不来?"田玉于是假圣旨征廷玉,可是他一到就屡次上书求召见。皇帝问徐阶说:"自从蓝道行下狱以后,遂致百孽扰宫,如今还可以用胡大顺么?"徐回奏说:"扶箕之说,只有宫中与宫外交通,间有征验,不然,就茫然不知。现在宫中受孽已久,像不尽是道行所为;况且用这辈人,孽也未必不生。小人无赖,应当用法来治他们。"皇帝于是下谕把胡大顺、罗万象、蓝田玉诸人下锦衣狱,又把赵楷交付司礼监拷问。于是胡、罗、蓝三人论死,赵楷不久也死在牢里。这是嘉靖四十四年(公元1565年)的事。

嘉靖朝的朝官与皇帝被箕师这样播弄,也可说是扶箕史上的异彩罢。其他被欺的还多,底下再引几段故事出来。

[一二七]明赵善政《宾退录》(卷三):"乔白岩冢宰之为大司马时,其门下士梁廷用者遇一方士能运乩赋诗,限韵击钵,捷如风雨。廷用因请为乔公赋之。乩先写曰:'吾回道人。汝为白岩乞诗,吾当邀李谪仙同赋。'廷用请用'一东'限十六韵……(诗不录)……

乔公得之大喜。或曰:'方士姓王,敏于诗,与廷用谬为此以欺乔公耳……'"

[一二八]《阅微草堂笔记》(卷二十一)《滦阳续录》(三):"乾隆壬午(公元1762年)九月,门人吴惠叔邀一扶乩者至,降仙于余绿意轩中。下坛诗曰:'沉香亭畔艳阳天,斗酒曾题诗百篇。二八娇娆亲捧砚,至今身带御炉烟。''满城枫叶蓟门秋,五百年前感旧游。偶与蓬莱仙子遇,相携便上酒家楼。'余曰:'然则青莲居士耶?'批曰:'然。'赵春涧突起问曰:'大仙斗酒百篇,似不在沉香亭上。杨贵妃马嵬陨玉,年已三十有八,似尔时不止十六岁。大仙足迹未至渔阳,何以忽感旧游?天宝至今亦不止五百年,何以大仙误记?'乩惟批'我醉欲眠'四字。再叩之,不动矣。大抵乩仙为灵鬼所托,然尚实有所凭附。此扶乩者则似粗解吟咏之人,炼手法为之,故必此人与一人共扶乃能成字,易一人,则不能书。其诗亦皆流连光景,处处可用。知决非古人降坛也。尔日猝写春涧所中,窘迫之状可掬。后偶与戴庶常东原议及。东原骇曰:'尝见别一扶箕人,太白降坛,亦是此二诗,但改"满城"为"满林","蓟门"为"大江"耳。'知江湖

游士自有此种秘本,转相授受,固不足深诘矣。宋蒙泉前辈亦曰:'有一扶箕者到德州,诗顷刻即成。后检之,皆村书诗学大成中句也!'"

这故事揭发得很痛快。假如有闲工夫集些名人扶箕的诗,一看定可使人喷三日饭。箕仙如被问到没话可答,都会像这位李白说句"我醉欲眠"而了其事。在故事(一九)里关帝被问"誓不入吴,何以至此?"无辞可答,情形也与此相同。所谓江湖游士有秘本,看故事(七六)的咏蕉叶可以证明出他们实在有些把戏。

[一二九] 同上书(卷十一)《槐西杂志》(一):"汪旭初言,见扶乩者,其仙自称张紫阳,叩以《悟真篇》,弗能答也。但判曰'金丹大道,不敢轻传'而已。会有仆妇窃资逃。仆叩问:'尚可追捕否?'仙判曰:'尔过去生中以财诱人,买其妻,又诱之饮博,仍取其财。此人今世相遇:诱汝妇逃者,买妻报;并窃赀者,取财报也。冥数已定,追捕亦不得,不如已也。'旭初曰:'真仙自不妄语。然此论一出,凡奸盗皆诿诸夙因,可不追捕,不推波助澜乎?'乩不能答。有疑之者曰:'此扶乩人多从恶少狡狯游,安知不有人匿仆妻而教之作此语。'因使人侦之。薄暮,果赴一曲巷,登屋脊密

伺，则聚而呼卢，仆妇方艳饰行酒矣。潜呼逻卒围所居，乃弭首就缚。"

"律禁师巫，为奸民窜伏其中。蓝道行尝假此术以败严嵩，论者不甚以为非，恶嵩故也，然杨沈诸公喋血碎首而不能争者，一方士从容笑谈乃制其死命，则其力亦大矣。所排者为嵩，使因而排及清流，虽韩、范、富、欧阳，能与枝梧乎？故乩仙之术，士大夫偶然游戏倡和诗词，等诸观剧则可，若借卜吉凶，君子当怖其卒也。"

[一三〇] 清沈起凤《谐铎》（卷三）："吴中马颠能诗，工词曲，而名不出里巷。饥驱潦倒，薄游于扬；以诗遍谒贵游，三载卒无所遇。适虹桥荷花盛开，鹾贾设宴园亭，招名士之客于扬者。马私挟诗稿而往，阍人阻之。马排闼直入，众哗问为谁。马曰：'某吴中穷士，少习扶乩，今贵客满座，请献薄技。时扬州扶乩正盛，就近地借得沙盘等具，排列中庭。马书符焚讫，择一仆共襄厥事……（中有康对山殿撰、僧无垢、妓卞淑娘诸仙降笔，长不录。）……神去后，诸客相与夸奖。马不能忍，云：'乩仙所作极平凡。'众客斥之。马乃出其诗。众初轻视之，继阅至后卷，适才所书诗

皆在。马拍案而起曰：'公等碌碌，真所谓井蛙谤海者也。仆虽不才，谬以词章自负。不谓三年浪迹，未得一遇知音。窃料今日名流专于纱帽下求诗，故嫁名殿元，以便文章增价。且方丈缁流，青楼艳质，落笔便诧奇才，押韵即称杰作；因此诡托娇名，假标梵字，俾无目者流，随声附和，亦不至妄肆雌黄。名下题诗，古今积习，是非九方皋，安能赏识牝牡骊黄外哉？'诸名士汗流气泪，匿颜向壁蹉。贾捧腹大笑曰：'吴儿狡狯，今信然矣！'急延之上座……"

这透彻地指出赞美箕词者的心理。马颠做了这事倒不算颠，可与故事（五四）相辉映。可知扶箕者的捣鬼，方法很精，一不留神就会被骗的。还有最荒唐的事，就是活人也会被请到箕坛去降笔。底下且引两段这类的故事。

[一三一] 清阮葵生《茶余客话》（卷三）："杨樗园、朱裴园、毛静山之玉，吴翼堂华孙，皆癸卯选拔，在京为扶鸾之戏。忽降箕者自称叶沃若。叶亦明经同年也。诸君讶：'子方壮健，未闻病逝，安得至此？'乩言：'今年秋某日卒于泾。'诸君疑信不能决。乩言：'君辈勿疑，记某年岁除日在宁国学署西园古梅下商某

事否？'盖樗园等在学署阅文隐事，他人所不及知者，于是惊信为真。阅数日，制文设祭为位以哭之。未几，闻扣门声，则沃若披帷入矣。诸君惊问：'何相逼之甚？'沃若自谓'计偕来京，方下车，为诸君致信物'，因探怀出信。诸君乃相视大笑，具言所以……"

这是诸友的造次，却不是吴君的白日显魂相逼。

[一三二]柴萼《梵天庐业录》（卷三十三）："辛亥秋（公元1911年），北京羊肉胡同一乩坛扶鸾。沙盘飞舞，大书云：'大阿哥到。'众问：'是端庶人之子大阿哥否？'则书云：'对子而称其父曰庶人，无礼已极！吾去矣。'遂寂然不动。近日有同善社者，分社满中国。社中皆有乩坛，降坛者有孔子、老子、释迦牟尼、谟罕默德、耶稣基督、拿破仑、华盛顿、托尔斯泰等人。智者目笑其后矣。"

扶箕故事，谈到这里，可以叹观止了。辛亥年大阿哥还在戍所宁夏，他的神魂忽会飞回北京降箕，真是奇闻。这除掉视为箕师捣鬼，却不知道大阿哥的存亡而产出的错误以外，没有别的可以解释它。

结　　论

综以上所引一百三十故事看来，扶箕不过是心灵作用的一种表现。当一种知识去研究它，当会达到更了解心灵交感现象的地步。若只信它是神秘不可思议，沙盘上写什么就信什么，那就会坠落魔道了。假如我们借扶箕能够对于国政有所施设，也不过是从旧观念里找出来的，还不如信赖科学来使人类在精神与物质求得进步。扶箕者的心理多半是自私自利的。我认得与知道许多信箕的人，都是为自己的利禄求箕示。箕仙从没有一次责骂过其中贪黩之辈，相反地，甚至暗示他们去为非作歹。有一个我知道的"革命策源地"的官僚，满屋悬着箕仙所赐的书画与道德教训，自己在官时却是一个假公济私，擅于搜括的无耻者。然则乩仙未必尽以道德教人，人不听他们的教训，他们也无可奈何，扶箕有什么宗教的价值呢？

数十年来受过高等教育的人很多，对于事物好像应当持点科学态度，而此中人信扶箕的却很不少，可为学术前途发一浩叹。又见赌博的越来越多，便深叹国人的不从事于知识的努力，其原因一大半部分是对于学问没兴趣，对于人事信命运，在信仰上胡乱崇拜。箕仙指示他等机缘，他只好用赌博的行为来等候着，因此养成对于每事都抱一种侥幸心和运气思想。"学而不思"的人在受教育的人当中为什么会这么多呢？只会没统系地看杂书，没有正当知识的粮食固然是一个原因；虚名、权位，得来太容易也是另一个病根。王静安先生说：

> 日之暮也，人之心力已耗，行将就床，此时不适于为学，非与人闲话，则但可读杂记小说耳。人之老也，精力已耗，行将就木，此时亦不适于为学，非枯坐终日，亦但可读杂记小说耳。今奈何一国之学者而无朝气，无注意力也？其将就睡欤，抑将就木欤？吾不得而知之，吾但祈孔子与

闵子骞之言之不验而已矣。(《静庵文集续编·教育小言十则》,商务印书馆本第十五册,五十八页。)

真的,中国人只会写与会读杂记小说。他们是无朝气无注意力,将就床和将就木的人。这篇论文特从笔记中取材,也是对于注意力不集中的材料中试要找出一条有系统而说得可通的道理来。知识的材料诚然可以从这些杂乱无章的作品中搜集,但若当作珍闻奇事,杂乱无章地抄下来,那就不值得做了。在这篇里没引到的扶箕故事还有很多,大体上也越不出上头所列的范围。那些只有一诗一文的,更是无关紧要了。

作者并没有把这篇当作心灵学的研究的野心,心理学与心灵学是很专门的学问,不是作者所深究的科目。作者只希望篇中所供给的材料值得供专门家研究的用处,使学术界多得些新光,那就满足了。这书只为一般读者写的。希望读过的人能够明了扶箕并不是什么神灵的降示,只是自己心灵的作怪而已。在这书里头,还可以使我们注意的,是许多扶乩故事都是反映我们民族的道德行为与社会政治生活的。士子学未成便要问前程,临考试又想侥幸地预知题目,弄到他日出来做事的时候，遇事存侥幸心，到不可开交时，又推给命运。一般无权无位的人也是消极地生存着，如故事（九十）就是十足表现这态度。官吏多是贪污的，无事还要生事，有小事当然更要化为大事了。办公事只会因循套调，事事专在文字上咬嚼，不求事实上的利害，如故事（百零九）那位绍兴师爷的鬼灵所指示的就是十足反映书吏政治的光景。官僚的腐化，影响及于神灵，在故事（百十一）里，神也会"轧姘头"了！故事（九五）的马画师是因替人作淫画奉承大吏以致双目几乎瞎了。其他等等种种，难以遍举，希望读者能从这个角度来体会。纪晓岚先生记扶箕的事最多，观察力也比较好。他的见解，在故事（百二八）所表示的，虽不完备，也可以看出他老人家是不随便迷信的。至于属乎灵感与灵动的外国事例，可以翻阅变态心理学与心灵学一类的书籍，比这篇所举事例还要离奇的，如二重人格、人格破碎、人畜交感，等等，都是很有趣，很可以帮助我们破除许多类的迷信的。因为本篇的范围只限于扶箕，所以没空闲写那么多。

民国二十九年九月脱稿